经济管理教学改革探索

秦华英 著

图书在版编目（CIP）数据

经济管理教学改革探索 / 秦华英著. -- 长春：东北师范大学出版社，2018.12
　ISBN　978-7-5681-5271-6

Ⅰ.①经… Ⅱ.①秦… Ⅲ.①经济管理—教学改革—研究—高等学校 Ⅳ.① F2-4

中国版本图书馆 CIP 数据核字（2018）第 284951 号

□策划编辑：王春彦
□责任编辑：王春彦　　□封面设计：图书之家
□责任校对：吴中立　　□责任印制：张允豪

东北师范大学出版社出版发行
长春净月经济开发区金宝街 118 号（邮政编码：130117）网址：http://www.nenup.com
电子函件：sdcbs@mail.jl.cn
东北师范大学出版社激光照排中心制版
武钢实业印刷总厂印装
2018年12月第 1 版　　2022年9月第 2 次印刷
幅面尺寸：185 mm×260mm　　印张：7.5　　字数：180 千字
定价：58.00元

前　言

　　经济管理学科在我国起步比较晚。随着国家的发展和时代的变迁，经济管理教学也在不断发展。为提高和培养人才的创新能力，在高等学校经济管理类专业实验室建设研讨会上，教育部领导提出，"经济管理教育改革建设"应得到重视和加强。为了加强对经济管理教学的探究，教育部启动了国家级实验教学示范中心建设和评审工作，经济管理教学改革得到了越多越多的支持，管理教学平台建设也取得了很大的发展。

　　信息技术的发展为教学活动提供了更多的渠道，经济管理教学也需要加强对信息技术的考量。信息技术可以对经济管理教学模式实现创新与优化，可以提高经济管理教学的质量。

　　鉴于此，撰写了《经济管理教学改革探索》一书，内容共四章。第一章阐述信息技术发展下的经济管理教学模式创新探索、经济管理教学改革策略及相关问题、创新经济管理实验教学模式探析。第二章论述经济管理实验教学基础理论与创新。经济管理实验教学和一般自然科学实验教学既有共同之处，又有显著差别。自然科学的许多学科本身就是在实验基础上建立起来的，只有通过大量实验，才能让学生真正掌握本学科与本专业的理论知识，掌握本学科与本专业基本实验理论、方法与技能，得到以理论知识解决实际问题的初步训练，并在实验研究中涉猎本学科与本专业前沿的新实验，养成科学实验的作风。第三章以教学与科研互动机制理论基础切入，主要探讨经济管理教学与科研互动存在的问题、原因以及经济管理教学与科研互动机制实施策略相关内容。第四章诠释了经济管理教学创新的相关研究。

改革开放以来，我国经济一直处于高速增长时期。现阶段，我国面临着经济下行压力与 GDP 增速放缓的新常态，要实现经济的触底反弹与小康社会的全面建设，实现中华民族伟大复兴的"中国梦"，就必须全力增强对国内外复杂经济形势的驾驭能力，全面提升经济管理水平。

本书在写作过程中参考和借鉴了国内外学者的相关理论和研究，在此深表谢意。但由于时间紧迫，书中难免有不足之处，烦请大家提出宝贵意见，以便修正。

作　者

目 录

第一章 导 论 · 001
- 第一节 信息技术发展下的经济管理教学模式创新探索 · 002
- 第二节 经济管理教学改革策略及相关问题 · 006
- 第三节 创新经济管理实验教学模式探析 · 011

第二章 经济管理实验教学理论与创新研究 · 013
- 第一节 经济管理实验教学的特点及分类浅析 · 014
- 第二节 经济管理实验教学平台的特点及分类浅析 · 021
- 第三节 经济管理实验教学平台建设现状及发展思路 · 029
- 第四节 经济管理实验课程教学方法改革 · 036
- 第五节 经济管理开放实验教学创新研究 · 041
- 第六节 经济管理创新创业教育教学研究 · 049

第三章 经济管理教学与科研互动机制策略研究 · 057
- 第一节 教学与科研互动机制理论综述 · 058
- 第二节 经济管理教学与科研互动存在的问题及原因 · 073
- 第三节 经济管理教学与科研互动机制实施策略 · 080

第四章　经济管理教学创新研究 …………………………… 097

第一节　新常态背景下经济管理教学的反思 ……………… 098
第二节　MOOC 的翻转课堂在经济管理教学中的应用 …… 101
第三节　经济管理本科专业教学创新研究 ………………… 105

参考文献 ………………………………………………………… 111

第一章 导 论

第一节　信息技术发展下的经济管理教学模式创新探索

信息技术的快速发展，改变了当今的教育模式。它在教学活动中融入了多种新型的教学手段，比如多媒体设备、计算机教学系统、网络化教学平台等。这种改变对于经济管理教学的变革起到了至关重要的作用。作为高等教育中的一个重要专业，经济管理课程在讲授时一般以讲读式、板书式为主要呈现方式。这种模式的弊端是显而易见的。因为经济管理涉及很多专业课程和非专业课程，信息量极大，老师需要花费大量时间进行板书，学生也需要抽出很多时间来记笔记，课堂讲授效率低下。而信息技术的运用使经济管理课程的教学模式发生改革，相比以前的教学模式，能够使教学效果更加有效。

一、传统经济管理教学模式的弊端、不足

找到原因才能更好地解决问题。传统的经济管理课程效率低下，与其实际使用的教学模式有着极大的关系，具体可以从以下三方面进行思考：

（1）在教学活动中，教师与学生之间的地位发生了变化。在传统的教学模式中，老师处于主导地位，学生处于次级地位，老师占据了知识信息的主动权。而信息技术的发展，让学生能够借助互联网的力量获取大量知识信息，因此，师生之间的从属关系变成了平等的信息接收者的关系，大家都处于"互联网+"时代，所以原有的传统教学模式已不适应当今社会的发展了。

（2）说起信息技术在课堂教学中的应用，很多老师的第一反应是PPT。但PPT课件是穿着电子文档外衣的传统板书，并没有对课堂教学产生实质性的变革。目前，经济管理教学模式还是以多媒体为主的板书式教学，而真正的

信息技术将会使得课堂教学形式更加开放，使教学的效率大幅度提高，信息技术的卓越特性与经济管理课程会更有效地结合。

（3）目前的经济管理课程将培养的侧重点放到了理论研究上，在一定程度上忽略了实践教学的重要作用。很多老师将理论与实践两者割裂开来，实践教学少之又少，这造成了学生即使主要精力用在学习理论课程上，但因为没有实践的验证和分析，而无法完全吃透理论的尴尬局面。

二、信息技术发展对经济管理教学的影响作用

（1）经济管理教学模式的多元化发展，借力于信息技术的发展。现在的电子商务模拟平台、外汇交易模拟平台、PPT教学模式都是经济管理在教学模式上的多元化展示。如果没有信息技术的应用，我们就不可能看到这些崭新的教学方法。

（2）信息技术的发展推动了经济行业的变革，对经济管理人才的要求也越来越高，间接推动了高校经济管理教学的变革，使其在教学中更加注重全面性与多样化，将实体经济和虚拟经济都纳入考量的范围内。而在具体的教学上，也需要进行对应的改革、变化，需要对学生的能力进行全方位的培养，促使学生成为满足社会需求的人才。

（3）教育工作者的理念不再停留在讲授的层面上，而是意识到了信息技术的重要性。在经济管理教学的过程中，老师会有意识地让学生认识和了解信息技术，进而掌握信息技术。这种意识、观念上的改变，会直接体现在实际教学的过程中，让经济管理教学能够获得真正的进步与长足的发展。

三、信息技术对经济管理教学模式的创新

（一）优化信息技术在经济管理教学中的应用

在经济管理教学中，优化信息技术的应用势在必行。目前，PPT的应用推

广已经初见成效，但依旧存在着很多问题，如有的老师直接把PPT当作板书，或者直接把课件复制给学生当笔记。这种直接传授的方式削弱了PPT的引导功能，不仅降低了学生主动探索的动力，还让学生对知识的记忆与理解不牢固。老师可以只用PPT出示一些关键词，再对关键词进行延伸阐述，最后让学生自己得出结论，做成属于自己的PPT。信息技术在教学中的广泛应用不只局限在PPT方面，还在其他方面有更大的发挥，如视听情境构建、多媒体教学环境营造、经济数据表格处理等。2016年底，某市就用Excel来进行经济数据的表格处理。信息技术与经济管理教学之间可以有更深的联系，比如电子商务模拟平台、模拟沙盘炒股以及外汇交易操作模拟平台，都可以发挥无可比拟的作用。

（二）基于信息技术构建经济管理在线教学平台

学生如果想要进步，只靠课堂上听老师的讲授是远远不够的，还要在课堂之外获得学习的机会。传统教学模式无法让学生在课下与同学、老师进行及时交流，而信息技术的介入很好地解决了这个难题。比如运用信息技术搭建一个在线平台，这个平台按照经济管理教学的规律进行设计，涉及在线教学、作业推送、作业评测、知识归类、信息查询等，就可以有效涵盖教学活动、课后辅导、作业测评等必备环节。在线平台也能让师生之间的关联更加紧密，比如老师想讲解宏观经济管理的内容，可以让学生在平台上先学习有关知识，让学生在电脑上填写相应的空白点，将答案上传，这样每一位学生都能与老师产生一对一的互动。这一做法既提高了学习效率，又增强了学生学习的积极性与主动性。至于课后作业，也可以用在线平台进行推送，学生使用电脑解答问题。在线平台对答案进行自动化点评，可以对出错知识点及时纠正和巩固。

（三）信息技术可以加强经济管理的实践教学

当今，经济管理的学习不再是单纯的理论传授，而是理论与实践并举。学生如果没有信息化经济管理的实践能力，那么在走出校门后将无法适应快速信

息化与数字化的经济管理实际工作的需求。因此，如何让学生既能熟知理论知识，又能加强实践能力培养，便成为当今经济管理教学中的一大难题。而信息技术的应用，能够很好地协调两者关系，创新出"理论＋实践"的教学模式。它可以引导学生产生比赛心理。在这个系统中，有一系列的关卡，这些关卡对应的是某一章节的知识点和具体实践案例。如果学生对理论知识和实践案例有哪一点掌握得不牢固，便无法顺利通过关卡。学生只有把理论和实践能力知识都掌握和提高了，才能获得成绩，这样教学质量的快速提升便是顺理成章的事情了。

四、结语

现代经济管理教学的发展离不开信息技术。无论是运用信息技术，搭建在线教学平台，还是提高实践教学的地位，都需要经济管理教学模式不断进行自我更新与优化。虽然在这个过程中依旧存在很多问题，但是经济管理专业的未来值得期待。

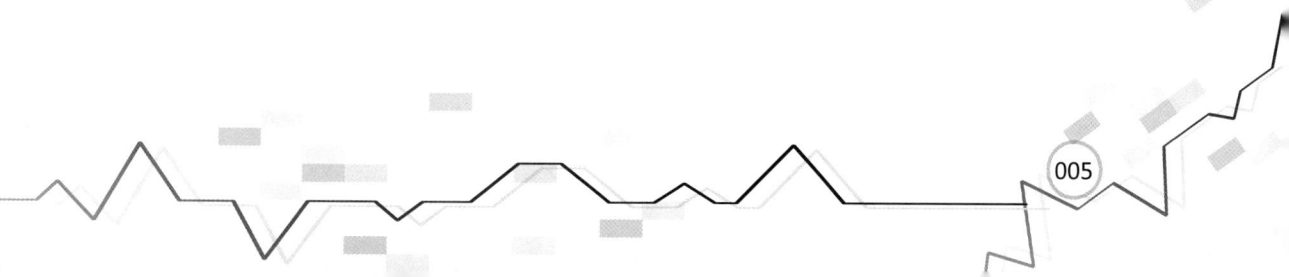

第二节　经济管理教学改革策略及相关问题

现代化的市场经济要想发展，需要专业的经济管理人才。这些人才不仅要储备丰富的经济理论知识，还要有很强的实践能力，以应对现实中的各种问题，但目前高校中的经济管理教学并不能适应当今形势的需求。如果我们不能对课堂教学质量进行有效的改革，不能对问题进行深入的挖掘与研究，那么经济管理学科便无法发挥它应有的作用，无法利用自身的知识理论和技术方法，来推动市场和生活各个领域的进一步发展。

一、高校教育特点以及经济管理教学的特点

教育的本质是教书育人，高等教育旨在为国家培养能够适应社会各行业发展的专业人才。高校的教学质量尤为关键，因为教学质量直接决定人才的各项素质与能力，而培养经济专业人才是高校经济管理专业的主要任务。这些人才不仅要具备经济管理的专业知识，还要有很强的实践应用能力。

学生在进入高校接受教育时，学习的科目增多，但学习的时间固定，学习方式还发生了很大变化，这对学生的实践能力要求提高。在这一过程中，学生能够将理论知识与解决现实问题有效结合。而这和高中教育有很大不同，高中教育以基础性知识教学为主，课时和科目都是固定不变的，主要考查学生对基础知识的掌握能力。

一名优秀的经济管理专业毕业的学生，要具备独立分析和解决问题的能力，能将理论与实际实践有效结合，即使毕业之后，也能够灵活运用经济管理知识，积累优秀的管理经验。经济管理教学的实践性便体现于此。实践性的实现离不

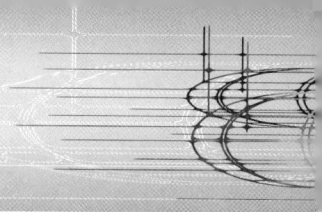

开学生的主动参与。教师会在课堂上注重调动学生的学习主动性，提高学生的参与程度，保持良好的课堂氛围。老师会借助于案例教学，形成师生之间的良性互动，教师分析整理自己的资料和观点，学生积极动脑，开拓创新思维。经济管理教学中注重理论与实践的结合，需要教师对教学目标和教学大纲的要求很熟悉。在制订教学计划时，教师要考虑到教学的重难点，以具体的案例为指引，将课堂所学理论与实际问题的解决进行完美结合。

二、目前高校经济管理教学中存在的问题

高校的经济管理专业担负着为企业、社会输送优秀人才的重担，但目前存在以下几个问题。

（一）课程教学理念滞后，教学手段单一

在传统课程教学模式当中，教师具有至高无上的主导地位，通常会忽略学生的主观能动性。学生对学习缺乏积极性，很容易对所学课程丧失兴趣。这种滞后的课程教学理念依旧存在于当今高校的经济管理教学当中。不少老师不顾学生的发展特点及规律，教学时缺乏有效的师生互动与交流，整个教学过程成为老师的"一言堂"。在这种课堂教学环境下，学生对于理论知识"吃不透"，这对于培养他们的创新实践能力又"吃不饱"，使得学科的教学目标定位失衡。

（二）教学硬件设施不足，实践基地缺乏

教学硬件设施的不足和实践基地的缺乏，是制约经济管理专业发展的两大因素。有些学校经费缺乏，无法配备专业的多媒体设备，学生无法观看教学内容，即使有板书或讲义等教学形式，但是都不如多媒体直观与形象。教学配套设施的匮乏，使得经济管理教学课堂效率低下。同时，经济管理专业的应用性很强，需要大量的实践，以印证课堂中所学到的理论知识，而实践基地的缺乏无法满足学生的需求，理论与实际很难发生实质性关联。学生即使出去实习，

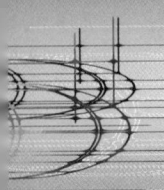

也是以金融机构、证券公司、贸易公司、物流公司为主,实习的岗位大多涉及财务管理、企业管理、市场营销以及人力资源管理等部门,但因为种种原因,大多数的实习生在实习的过程中并不能很好地运用在校所学的理论知识。

(三)实践性教学程度重视不足

经济管理专业的实践性教学并没有得到应有的关注。造成这一问题的原因有很多,其中一个原因就是传统教学模式依旧占主导地位,实践课程只有形式,没有内容,教师仍以灌输理论知识作为常规的教学方式。即使在理论之外加上了实践,也是以举例子的形式出现,并不是真正意义上的实践,更不是在实践平台上的操作练习,学生遇到现实问题,便会处于焦头烂额的尴尬状态。经济管理是一门应用性很强的学科,需要学生拓宽知识面,掌握大量行业与领域的知识,以作为知识储备。然而,学生在学校里并不能掌握最新的行业知识,只是了解一般性的理论知识。如此背景下,学生的实践能力弱也在情理之中。

三、高校经济管理教学改革的主要策略

我们必须深入挖掘当前高校经济管理课堂教学存在的种种问题,依托经济管理专业教育的独特性,以积极的措施和教育改革策略,有针对性地逐步提高课堂教学质量。

(一)优化课程结构,建立科学完善的教学体系

优化课程结构和科学地完善教学体系缺一不可。我们要结合经济管理专业的独特性,将实践环节、教学计划、教学内容、教学时间都进行合理、详细又具体的划分。在此基础上,构建出一整套科学体系,以科学来引领学科正确发展,以完善的措施来提高学生对经济管理知识掌握的能力和综合素质。理论与实践的紧密结合,是经济管理专业无法绕开的永恒课题。学校要注重因材施教,结合每个学生的实际状况和接受程度,循序渐进地开展实践教学,让学生把课

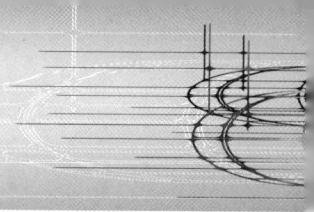

堂中所学的理论知识与实践案例有机结合起来。对于教学时间上的安排也要更灵活、机动，尽量突出重点，从学生的角度思考问题。还有一点尤为关键，那就是考核标准。如果这套考核标准不科学、不完备，那么教师便无法真正了解学生真实的学习状况，也无法从考核成绩中及时看到学生问题所在，无法对学生进行有效的辅导。

（二）利用多种形式加强经济管理的实践教学

提高经济管理专业学生的实践能力，不能停留在纸上，应该用多种方法来推进实践教学，努力克服各种困难，提高实践教学的质量。模拟教学就是一种现实可行的方法，利用ERP沙盘模拟形式，让学生将理论落实到实践中；尽量创造学生真实的实践机会，比如到企业实习，帮助学生顺利完成实习任务；支持学生参加科研实践活动，让学生深入理解经济管理的真正内涵，提高解决实际问题的能力；建立实践教育平台也是一种不错的办法，学生可以发挥自己的主观能动性和创造性，而搭建创业平台，则需要高校、政府和企业的多方协调，鼓励引进风险投资，解决实践教学的资金顾虑。如今，以创业为主题的各种沙龙、论坛、培训班、研讨会和俱乐部等活动，都可以进一步提高学生的创业能力。落实到经济管理专业，一些极具挑战性的竞赛，主题涉及电子商务、商务公关、商务谈判、物流设计、股市期货模拟等，都会让学生不断提高自己的专业实践能力。

（三）丰富课堂教学内容，拓宽学生的知识面

经济管理的课程教学一定要拓展学生的知识范围，尤其是不同行业和领域的管理理论和方法，都要有所涉猎，及时补充学生对于企业经济管理方面的背景知识，不要让学生局限于课本上的旧有理论，要让学生了解当前经济管理的前沿信息，以及国际上关于经济管理理论的新进展。在学生的专业知识体系里，要把真实案例融入其中，比如阐释一些大型、复杂的项目管理理论，拓宽学生

理论知识的宽度和广度。为什么如此重视经济管理专业的扩展性、开放型和针对性呢？原因就在于经济管理专业的专业性，内容涉及的范围也比较宽泛，择业方向更是多样化。

四、结语

尽管目前我国高校的经济管理教学还不完美，但是在采取相应的改革性措施之后，一定会为国家和社会培养出更多的经济管理方面的专业人才。我国的经济建设正在飞速发展，市场经济改革也到了关键点，专业经济管理人才是改革能够成功的重要因素。无论是在财政、税收、金融、贸易等经济部门，还是在大中小企业担任相关的管理工作，学生所学的专业知识都起了关键作用，因此推动高校经济管理教学的改革势在必行。

第三节　创新经济管理实验教学模式探析

实用性与创造性是经济管理专业人才培养的本质目标，人才的培养体现为发现问题并解决问题。以往在校生的理论学习与企业的人才需求发生断层，导致高校人才培养不能真正达到企业要求，学生在校学到的专业知识很难在公司实践中得到检验，没有实践就没有工作创新的能力。为了改变企业与学校培养人才的差异化目标，开设健全的经济管理实践课程，就成了高校培养全方位能力人才的首要目标。

目前人才打造的现实是高校人才培养体系与企业的需求不能共通。学校需要提升专业课程的融合性，提升学生对企业的适应性，完善更丰富多元化的课程设置，结合社会人才需求实质性打造适应型人才。

高校要以学生个人专业知识和职业规划为依据，制订详细的课程体系。学生在四年专业知识学习中要不断提升个人能力，适应企业对人才的需求，更贴合市场的需要，做到理论知识与社会实践完美对接。培养适应型人才的前提是学校实践性课程的提升，增加课程的多样性、创造性、实践性，教学需要丰富课程内容，摒弃老旧化教学思路。

系统教学需要丰富课程内容，提高经济管理专业化程度。系统化体现为专业课程的更新、课件的多元化以及教科书的规范化方面。教师要不断加入创新课题，更新课件内容，在教学中及时检验学习成果，在模拟课程中进行实践，给学生一个自由发挥的环境，不断丰富测试题库。

教师在教学过程中要主动引导学生发挥积极性和自主能动性，引导学生发掘自身潜力，为学生制订有效的学习计划，培养学生学习的兴趣和爱好，让他们积极融入实验教学课程。教师在辅导过程中真正做到以学生为主，达到课程

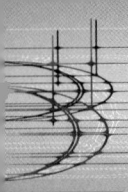

多样化、创新化，结合社会实践达到课程的实用性，结合多种教学方式，全面完善课程体系。

高校在丰富实验课程内容的同时，要吸引高效高质教师团队，突破固有教学思维，结合新型经济社会需求，为学生创造全新的课程氛围。实验课程需要对各专业知识进行融合统一，对课件内容不断更新，加入全新教学理念，联合社会企事业单位建立人才培养计划，做好校企合作，为人才培养打好基础。

全新的教学实验理念需要有教学平台作为依托，要达到各科内容的融合统一，就要实现资源共享、平台共通。在教学的基础上要加进实践内容，才能打造具备创新型、全能型的人才。要合理安排教学内容，达到教学平台共享，打破封闭式教学理念，达到不同专业的相互沟通融合，合理使用教学实验室和课件，达到学习最优化，打造全能创新人才。

实验教学工作全面展开需要校方的政策性支持和引导。全面开展教学前要有系统规范的计划并得到学校各部门的全面配合，对师资力量不断加强，对实验教学课件不断完善更新，及时与校企做好人才需求调查，在实验室使用方面要有倾向型政策支持，营造一个规范化的平台，使课程内容全方面得到实施教学。

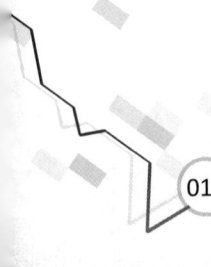

第二章 经济管理实验教学理论与创新研究

第一节 经济管理实验教学的特点及分类浅析

一、经济管理实验教学的概念

经济管理实验教学和一般自然科学实验教学既有共同之处，又有显著的差别。自然科学的许多学科本身就是在实验基础上建立起来的，只有通过大量实验，才能让学生真正掌握本学科与本专业的理论知识，掌握本学科与本专业的基本实验理论、方法与技能，得到以理论知识解决实际问题及工程素养的初步训练，并在实验研究中涉猎本学科与本专业前沿的新实验，养成科学实验的作风。经济管理实验教学是根据经济管理教学目的，利用相应工具、手段、实验数据及相应实践环境，按照经济管理专业教学计划而从事的理论联系实际的经济管理教学活动，包括实验课、技能训练课、案例分析等，以此让学生掌握经济理论模型、管理实务和应用技能以及经济管理实验分析能力的一种教学模式，是通过经济管理实验提供的条件和手段，开展专业知识学习、专业素质提升、专业技能培养和创造能力锻炼的教学活动。

二、经济管理实验教学的特点

经济管理实验教学具有知识、技能和方法的综合性特点，既要求我们全面掌握相关学科的知识，也涉及技能和方法的训练。某些经济管理实验教学还涉及多个学科的知识和技能，我们必须认真分析和研究这些学科的理论、方法，在教学过程中灵活掌握和综合运用。如大家所熟知的信息与经济管理类学科，如果开展实验教学，不仅要全面掌握信息和旅游等方面的管理知识，还要深知

第二章　经济管理实验教学理论与创新研究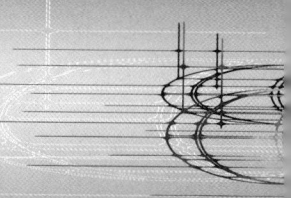

电子商务、会计电算化、网络营销等学科的重点内容。另外，我们通常所说的管理会计，是管理学与会计学融合在一起的一门综合学科，既包括管理学的基本理论，又涵盖会计学的原理和实务。再比如，与市场经济息息相关的财务管理、企业管理、证券投资、市场营销、管理决策、投资理财、企业营运等，都是相关学科的综合。

（一）实验教学过程中角色的协同与交互性

经济管理类实验教学需要指导老师与学生、学生与学生进行多角色协同与交互开展。模拟现实中企事业单位生产经营业务活动，要确保完成预定的目标任务，必须根据活动需要，科学地组织本企业或者本部门不同岗位以及不同企业不同岗位的工作人员来齐心协力共同完成。同时，模拟企业服务环境，需要不同的政府管理部门和社会中介机构参与，这需要不同机构的不同岗位进行协同开展实验教学。在经济管理实验教学过程中，要注意引导不同岗位的同学加强信息交流，教育他们强化大局观念，增强团结合作意识，促使学生充分认识自己所处的角色既受其他同学角色的影响，也影响着其他同学的角色能否正常发挥到位，从而使每个同学学会结合相关角色的处置过程和结果找准自己的角色处理方法。另外，由于不同岗位对学生的技能和能力训练不同，要让每位学生能够训练不同岗位的基础技能和能力，若没有交互，则难以训练每位同学的综合能力和多岗位技能。比如，模拟企业在某个电子商务平台上进行交易，需要综合考虑交易的时间、付款方式、运输工具、售后服务等多种因素，要根据每个同学的特点，在买卖双方企业、银行、物流、认证中心等不同部门分别扮演不同角色，履行各自的职责，通过协调配合来共同完成电子商务交易过程。

（二）实验过程和成果的不确定性

经济管理实验过程受学生思维不同和采取的行为差异影响，实验过程和结果存在不确定性。在实验教学过程中，学生对方法、知识角色的理解存在差异

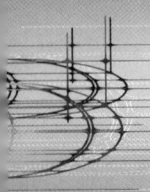

和个性偏好，会影响其对经济管理实验过程中的处理方法，这就使得每个角色在感染他人的同时也受他人感染，能否正确发挥角色的应有作用存在很大的潜在风险。这种风险在每个同学的实验行为、角色站位和思维过程中具有很强的不确定性，直接影响实验质量和结果。也就是说，相同的实验课题和相同的实验过程，每次做实验可能会有不同的实验结果，甚至还可能出现没有正确结果的可能性，这种实验结果的不确定性是显著区别于理工类实验教学的特点的。经济管理实验教学的作用有以下几点。

1. 传授知识，训练技能

经济管理实验教学把传授经济管理知识与训练经济管理技能统一在一个教学过程中。这个教学过程，不但要根据教学目标有目的、有计划地进行经济管理知识传授，而且要按照一定程序不断重复和深化经济管理技能训练。学生积累了一定的经济管理理论知识和技能后，就可以开展比较复杂的经济管理综合性与设计性实验，从而对已掌握的经济管理知识和技能起到深化与拓展作用。

2. 开发智力，培养能力

经济管理实验教学的核心目标包括两方面内容，一方面是强化对学生的智能教育，另一方面是增强和提高学生的综合能力。一般来讲，培养学生综合能力，应当重点做好五个方面的工作，分别是抽象思维能力的培养、动手操作能力的培养、分析解决问题能力的培养、研究设计能力的培养以及开拓创新能力的培养。

3. 养成作风，提高素质

经济管理实验教学的作用不但体现在育人方面，还体现在育德方面，这是因为经济管理实验教学不但可以使学生进一步坚定辩证唯物主义的世界观与方法论，坚持科学发展观，弘扬艰苦奋斗和勇于献身的精神，而且能够教育学生养成求真务实、精益求精的良好习惯，增强团结协作、互相配合的意识，进而

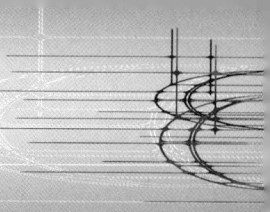

不断提高综合素质。

4. 探索求知，发展科学

经济管理实验教学与经济管理科学研究相结合，促使经济管理实验教学探索求知、发展科学的作用逐步显现出来。一般来讲，研究生经济管理实验教学主要结合经济管理科学研究进行，相关经济管理实验活动已经把经济管理实验教学与经济管理科学研究融为一体，本、专科学生在经济管理实验活动中的毕业设计、毕业论文、课程设计可以直接参加某些经济管理科学研究课题的研究与实验任务。

三、经济管理实验教学分类

经济管理实验教学根据不同的标准可以有不同的分类。其中，最有现实意义的是按照以下两个标准所作的分类：一是按照经济管理实验教学的内容、形式及其作用分类；二是按照在经济管理实验教学体系中的地位或性质分类。

（一）按照经济管理实验教学的内容、形式及其作用分类

按照经济管理实验教学的内容、形式及其作用，经济管理实验教学分为技能性经济管理实验教学、演示性经济管理实验教学、验证性经济管理实验教学、模拟性经济管理实验教学、设计性经济管理实验教学、综合性经济管理实验教学以及研究性经济管理实验教学。

（1）技能性经济管理实验教学，是指为了提高学生对经济管理学科各项基本技能的操作能力，确保在社会实践中能够敏捷、准确、协调和灵活地加以运用，根据学科的重点理论和知识，有针对性地强化学生基本操作技能训练的一种实验教学方式，如办公自动化技能训练、商业自动化管理技能训练、国际贸易实务操作技能训练、会计电算化训练等。

（2）演示性经济管理实验教学，即利用现代化教学手段，将经济管理理

论知识形象化地教给学生，不仅能够加大授课的有效信息量，而且可以调动学生的学习兴趣，提高教学效果。一般来讲，教师要根据讲课内容亲自演示、亲自操作实验，同时要求学生认真听、注意观察、做好记录。

（3）验证性经济管理实验教学，是指教师根据实验指导书的相关要求，帮助和指导学生按照规定的方式、方法与步骤，规范使用既定的仪器来正确完成全部实验的一个教学活动。验证性经济管理实验通常在经济管理实验室内进行，在专业教师和专门技术人员的指导下由学生自己动手完成，主要目的是考查学生在课堂所学的基本技能，理解与消化经济管理理论知识，锻炼和提高学生在经济管理上的专业能力。

（4）模拟性经济管理实验教学，即通过模拟现实社会中的经济与管理运作过程，向学生提供一个身临其境的虚拟社会生活场景。学生通过这个场景进行模拟演练，能够深刻认识和理解自己所学的经济管理理论知识和相关技能。模拟性经济管理实验与验证性经济管理实验教学的规定基本相同，也是按照实验指导书，以学生自己动手操作为主，但是必须在教师指导下，在模拟（仿真）环境下，承担某一任务或扮演某种角色进行虚拟联系。模拟性经济管理实验教学主要有证券交易模拟、房地产投资模拟、社区生活模拟、EDI（电子数据交换）模拟等。

（5）设计性经济管理实验教学，指教师根据学生学习掌握的知识和技能确定实验项目和目的、制订实验方案、拟订实验题目、准备实验仪器设备，由学生按照实验方案规定步骤来独立操作并完成实验的教学方式。为提高学生的逻辑思维能力、科学组织能力和技能操作能力，实验结束后，教师应当要求学生及时撰写实验报告，综合分析实验中的缺点和不足，并提出改正措施。设计性经济管理实验教学主要有课程设计、项目设计、学年论文、学年设计以及毕业论文、毕业设计等，如电子商务网站建设、企业广告策划、人力资源管理等。

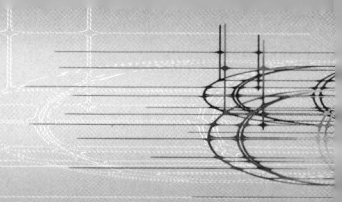

设计性经济管理实验教学一般包括方案设计、资料查询、实施实验、实验总结等阶段。

（6）综合性经济管理实验教学，即学生通过日常学习，切实掌握了相关的经济管理基础知识和基本操作技能，并能够结合实际灵活运用，在此基础上，教师通过运用某一课程或多门课程的知识，对学生经济管理专业技能和经济管理实验方法进行综合训练，以培养学生的综合分析能力、实验动手能力、数据处理能力及信息资源检索能力等。在经济管理实验教学中，综合性经济管理实验教学主要是指围绕某个专业或多门课程的实验教学，如企业资源计划、电子商务等。综合性经济管理实验教学一般在学生基本学完经济管理理论知识，掌握相应的经济管理实验基本技能之后进行，因此综合性经济管理实验教学在选题上要注意广度和深度。

（7）研究性经济管理实验教学，主要是指教师帮助指导学生参加有关科研项目或者学生自己拟订毕业设计、起草毕业论文和科研论文的实验教学过程。这些实验教学活动必须有明确的目标和任务、准确的实验方式与方法，积极引导学生进行深入分析、认真研究与反复探讨，自己查找问题并提出解决问题的科学思路与合理方案，独立完成实验过程，从而达到真正提高学生独立研究能力和创造能力的效果。研究性经济管理实验教学过程通常分几个阶段进行，一般包括布置课题、查阅文献、实施实验、实验总结等阶段。

（二）按照在经济管理实验教学体系中的地位或性质分类

按照经济管理实验课程在经济管理实验教学体系中的地位或性质，经济管理实验教学分为经济管理公共基础实验教学、经济管理专业基础实验教学以及经济管理专业综合实验教学。

（1）经济管理公共基础实验教学，包括两个部分：一是与经济管理基础课程相联系的经济管理实验教学；二是与经济管理专业教育中公共基础课程相

结合的经济管理实验教学。

（2）经济管理专业基础实验教学，即借助专门经济管理信息处理技术和软件开发技术所进行的，与经济管理实务及现实应用有着密切关系的经济管理类专业的专业基础课程实验教学。经济管理专业基础实验教学一方面体现为在经济管理理论基础上的实务性教学实践，通过运用经济管理理论知识和经济管理软件系统，提高学生对经济管理课程教学内容和知识的掌握；另一方面体现为帮助学生提升分析、处理经济管理问题的能力以及经济管理专业素质教学的要求。

（3）经济管理专业综合实验教学，即具有综合能力培养的、体现经济管理专业知识和专业技能、与信息技术综合应用的经济管理专业课程实验教学。经济管理专业实验教学可以与经济管理案例教学、经济管理实践教学相结合，也可以通过设计综合性的经济管理实验项目来完成，甚至可以同经济管理专业社会实践活动结合进行。

第二节　经济管理实验教学平台的特点及分类浅析

一、经济管理实验教学平台的定义

平台既有实物内涵，也有虚拟概念。从实物方面理解，平台是晒台，是生产和施工过程中为操作方便而设置的工作台，有的能移动和升降，如景观观赏平台、屋顶平台、晾晒平台、施工平台、操控平台等。从计算机角度理解，平台指计算机硬件或软件的操作环境，如常说的 Windows 平台、苹果平台等。一般认为平台是进行某项工作所需要的环境或条件。

教师在开展教学实践活动时使用的一系列软硬件资源统称为教学平台，主要分为实践场所、教学方式和手段、课程和设备三大类。实践场所主要包括开展教学实践必需的教室、操场等传统场所和网络、电视等新型场所。教学方式和教学手段主要指多媒体教学、情景教学、视频教学等。课程和设备主要包括教材资源、教学设备等。根据不同的教学内容，每个教学平台都有其独特的实现方式。比如，传统的教学平台几乎以教师课堂为主体，网络教学平台要以网络为基础，远程视频教学平台要以电视视频为载体，实验教学平台要以拥有实验设备和具备模拟环境为前提。近年来，我国越来越重视教育，各种教学平台的数量和质量得到快速发展，单一的以教师为中心的教学平台已经不适应形势的发展，综合性教学模式的应用展现出强烈的发展势头，新科学技术改变着传统教学模式。教学平台又包含多媒体教学平台、电教平台、实验室、实训室等。为人才培养和教学需求而搭建的平台都可以称为教学平台。随着实验教学作用的进一步提升，实验教学平台在人才培养中的地位和作用也进一步彰显。以上

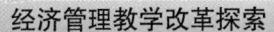

情况说明，开展实验教学使用的一系列软件资源和硬件设施，就是我们通常所说的实验教学平台。这个平台包括的软件资源和硬件设施很多，范围很广，其中最有代表性是用于教学实践的实验室、教学方法、课程、教材资源、设备等。

我们在了解教学平台的定义和分类之后，就很容易理解什么是经济管理实验教学平台。经济管理实验教学平台是教学平台的一个组成部分，具有普通实验教学平台的基本特征。在开展经济管理实验教学时，需要结合本学科的具体情况，使用相关的实验室，采取适宜的教学方法选取教学课程和教材，准备好实验软件系统和硬件设备，筛选经济管理实验数据库和案例库等经济管理实验教学资源。它是经济管理实验教学不可缺少的物质基础和必备条件，经济管理实验教学的质量和水平很大程度上取决于经济管理实验平台的性能状况和先进程度。受经济管理学科特征以及现代实验室建设的开放性趋势的影响，经济管理实验教学平台从空间上看，既包括校内经济管理实验教学资源，也包括校外经济管理实验教学基地和资源；从形式看，既包括物化的教学资源，也包括非物化的教学思想和理念；从条件看，既包括经济管理实验教学有形设备，也包括经济管理实验教学模拟软件、环境和教学数据库等；从主体看，既包括传统的教师，也包括学生，并且在实验教学中学生的主体地位更明显；从教学计划安排看，既包括计划内教学，即第一课堂教学，也包括非计划的开放教学，即第二课堂；从教学内容看，既包括专业教学内容，也包括与专业紧密结合的创新创业教学内容。

二、经济管理实验教学平台特点

（一）资源共享明显

经济管理实验教学平台由于经济和管理学科间紧密联系、手段相似，因此无论是教学资源、教学条件，还是教学方法，有很多是一致或可以共用的，如

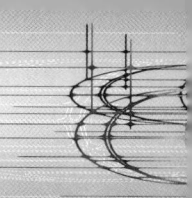

国泰安数据，既包括宏观经济数据，也包括上市企业财务数据，既可以作为经济类实验教学资源，也可以开展企业管理、财务管理实验教学。另外，经济管理实验教学平台硬件以计算机为主，开展经济类实验教学、管理类实验教学，均要依赖计算机，因此，可以说经济管理实验教学硬件平台均可共享。

（二）软硬资源一体

经济管理实验教学平台包括的教学资源非常丰富，既包括实验室、计算机、物理沙盘等硬条件，也包括很多软件、数据库等资源，且软件资源和硬件资源一体，不可能只就某一方面而开展实验教学。经济管理实验教学平台中的课程资源也与硬件融为一体，如开展ERP、房地产企业经营管理实验教学等，都既依托软件资源，又依托课程资源，不同教学条件决定不同的课程教学内容，因此，经济管理实验教学平台的软硬资源往往是融为一体的。

（三）开放性强

经济管理实验教学平台具有很强的开放性，课程资源受社会经济发展的影响，部分教学内容要根据社会经济发展变化而调整，如会计专业实验教学，会随会计准则的变化而调整教学内容，这充分体现了平台的开放性。经济管理实验教学平台的开放性还体现为平台的空间校内外一体化，有些实验室、实验教学环节在校外生产一线开展，校内队伍与校外队伍互相学习，取长补短。校内实验队伍具有深厚的理论功底，校外队伍有一部分来自于生产一线、见多识广，具有丰富实践经验的行业专家。

（四）集成化突出

集成化是经济管理实验教学平台的一个显著特点和优势。之所以这样讲，主要有两方面原因。一方面是经济管理实验教学平台集聚了各种各样的教学资源，既包括教学内容、教学方法、教学思想、教学队伍，也包括教学条件、教学设备、教学软件、教学数据、教学案例等。另一方面是经济管理实验教学平

台集成了多样化的服务对象。该平台涉及的服务对象比较广泛，行业相对比较多，可以开展经济类实验教学，也可以开展管理类实验教学，把服务对象集约化，集成为不同学科的实验教学服务。

三、经济管理实验教学平台的分类

经济管理实验教学平台很多，依据不同的划分标准会有不同的类型。

（一）根据平台内容的物理特征进行分类

1. 经济管理实验教学硬性平台

实践证明，高标准、高质量地开展经济管理实验教学，必须以经济管理实验教学硬性平台为基础，主要包括实验设备、实验软件系统和实验信息资源等。经济管理实验教学平台建设应当遵循超前规划、分步实施、综合利用、讲求效益，充分发挥硬性平台的作用，避免硬性平台建设中决策的盲目性以及投资的分散性与重复性。

设备主要包括主机系统（如主力服务器、专用服务器、UPS不间断电源等）、网络系统（如网络交换设备、布线系统）、计算机、专用终端、配套设备（如投影仪、打印机、扫描仪、光盘刻录机）、物理沙盘（如ERP沙盘、人力资源系统沙盘、房地产经营沙盘）等。

软件系统包括系统软件（如服务器操作系统、小型机操作系统、微机操作系统）、应用软件（即用于实验教学或科学研究的经济管理专业软件或模拟软件）、工具软件（如管理软件、防病毒软件、测试软件）等。在建设经济管理实验教学硬件平台的过程中，应摒弃使用盗版软件，通过购买、接受捐赠、有偿使用、自主开发等多种形式，多渠道获取合法的正版软件。选择正版软件时，应当充分考虑软件的稳定性、适用性、实用性、安全性、共享性、操作性以及售后服务等多种因素，确保正版软件在实际工作中能够充分发挥

作用。无论任何时候，做任何工作，我们必须保持清醒的头脑，坚持远离各种盗版软件。

经济管理专业信息资源，即经济管理实验教学和科学实验赖以完成的专业数据库和专业信息库，如社会经济数据库、CCER 经济研究数据库、CSMAR 系列研究数据库等。经济管理实验教学平台专业信息资源，就是根据经济管理实验教学、经济管理的精密研究和经济管理涉及相关实验室的工作要求，按照有关规定搜集整理或者开发配备经济管理专业数据库系统和信息库系统。在经济管理专业信息资源建设中，应特别注意加强经济管理专业网络信息资源，及时捕捉互联网上非线性的、动态的经济管理专业电子信息，精选符合经济管理实验教学与研究主题要求，对符合条件的各类电子信息资源进行遴选、归类、标记、释义、评论，按学生、教师、科研人员熟悉的检索习惯分类编排后，利用超文本链接技术对其进行虚拟链接，以营造一个经济管理专业网络信息资源信息库，便于学生、教师、科研人员方便、快捷、全面、准确地检索所需经济管理网络信息。

2．经济管理实验教学软性平台

经济管理实验教学软件平台是硬件平台发挥作用的各种软性资源，软件平台包括教学平台、管理与制度平台、队伍与技术平台等。

从教学平台内容上看，教学平台主要包括经济管理实验教学课程与课程体系、教学内容和教学方法、教学监控措施等内容。从教学内容上看，教学平台包括计划内教学资源、开放实验教学、创新创业教学、综合实训等；从教学资源看，教学平台包括管控平台（即教学信息的管理）、实验平台（即经济管理项目资源的实验）和资源平台（即经济管理实验教材等软件资源）等。

管理与制度平台从经济管理实验教学单位组织角度看，包括宏观管理体系与制度、内部管理组织与制度；从管理对象看，包括实验室建设管理制度、实

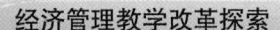

验教学制度、实验队伍制度等；从管理效用看，包括惩罚性管理与制度、激励性管理与制度、规范性管理与制度等；从管理体系看，主要包括各级政府及其职能部门颁发的规章制度、由学校制定的规章制度、由经济管理实验教学单位制定的规章制度等；从制度内容上看，主要包括实验教学组织管理制度、实验教学行政管理制度、实验教学人事管理制度、实验教学质量制度、实验教学安全管理制度、实验教学设备管理制度、实验技术管理制度、实验合同管理制度等。在管理与制度平台运行的基础上，还必须不断提高执行经济管理实验教学规章制度的自觉性，加强监督和检查，重视管理人员的模范作用，有效保障和促进经济管理实验教学运行及其发挥对人才培养应有的作用。

队伍与技术平台一般包括队伍平台和技术平台两个方面。队伍与技术是两个相互依附的因素，队伍是技术的保障，技术是队伍质量与水平的表征之一。根据经济管理实验教学运行的环节，队伍平台主要包括教学队伍、管理队伍、技术队伍等方面。管理队伍主要指经济管理实验教学过程中从事管理服务的工作人员构成的队伍，如经济管理实验课程安排、质量监控、队伍管理等。教学队伍主要由从事经济管理实验课程教学、课程开展的教师组成，在大多数高校，一般这支队伍既承担理论教学，也承担实验教学任务，部分高校也培养形成了一批专门从事经济管理实验教学的专门化教学团队。技术队伍是在经济管理实验教学管理过程中形成的专门从事技术的队伍，通常包括经济管理实验教学过程中计算机、网络、专业软件、耗材准备等技术工作人员，但随着经济管理实验教学内涵的扩展，其包含的技术也不断发展演变，因此，技术队伍从事经济管理专业软件开发、经济管理信息资源管理和系统开发、经济管理实验教学方案设计等工作人员也归为技术队伍，随着多学科的融合交叉，队伍与技术平台内容不断发展、演变和拓展。

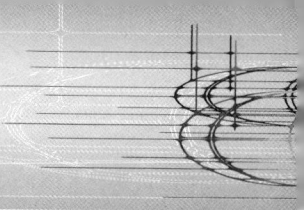

（二）根据服务人才培养功能差异进行分类

1. 经济管理实验课程教学平台

在教学手段现代化趋势下，公开课程资源、公开授课过程已成为全球教育界的共识。经济管理实验课程教学平台是通常说的第一课堂课程资源，在适应社会经济快速发展、全球教育教学大进步、与信息大融合形势下逐步建设和不断完善。经济管理实验课程教学平台是在遵循理论与实验相对独立的理念下，经济管理实验教学在人才培养中的定位和作用指导下，形成的不同层次的教学资源和人才培养路径，它是经济管理实验教学的物化形式与教学思想集聚成果，是人才培养过程中知识传播、能力培养、实践训练的基本载体。经济管理实验课程教学平台分为广义的课程平台和狭义的课程平台，广义的经济管理实验课程教学平台包括所有与课程资源相关的软、硬条件和队伍，以及与课程相关的实验项目、实验教学体系、实验教学环境等；狭义的经济管理实验课程教学平台包括经济管理实验教学体系、经济管理实验教学课程、经济管理实验教学方法、经济管理实验教学模式、经济管理实验教学课程考核、经济管理实验教学课程要件、经济管理实验教学课程规范等。

2. 经济管理开放实验教学平台

知识经济和经济全球化对高等学校人才培养工作提出了新挑战，高等教育必须走开放教育之路，开放实验是开放教育在实验教学中的具体化。经济管理开放实验教学平台是相对于传统计划内实验教学而言的，强调实验教学内容是课程延伸，实验教学时间由师生自主确定，实验教学场地相对灵活，也就是我们通常说的第二课堂，参与实验教学学生打破专业、学院和年级等的限制。经济管理开放实验教学具有开放性、自主性和灵活性等特点，可以充分发挥学生自主性，可以实现学生跨专业学习、跨时间选修，为培养宽知识、强能力的人才发挥重要作用，因此经济管理开放实验教学平台与普通实验教学平台存在一

定差异。经济管理开放实验教学平台包括主体、客体和对象三方面，即开放实验师生主体、开放实验时间和空间、开放实验教学项目和教材等资源。具体来看，经济管理开放实验教学平台包括经济管理开放实验教学体系、经济管理开放实验教学项目、经济管理开放实验教学质量监控、经济管理开放实验教学队伍、经济管理开放实验教学信息系统、经济管理开放实验教学管理与制度保障等。

3. 经济管理创新创业实验教学平台

我国高等教育大众化要求高校创新创业教育与专业教育结合，面向全体学生，融入人才培养全过程。由于经济管理实验教学与社会经济紧密结合，与创新创业教育结合具有其他学科无法比拟的优势，也是最近几年国内高校经济管理实验教学中形成的一个新领域——经济管理创新创业实验教学。经济管理创新创业实验教学是创新创业教育与实验教学结合、创新创业教育与专业实验教学结合、实践实训与创新创业结合的产物，在某种程度上可称之为"第三课堂"。经济管理创新创业实验教学平台包括经济管理创新创业主体、经济管理创新创业实验教学资源、经济管理创新创业实训条件、经济管理创新创业专业竞赛、经济管理创新创业指导团队、经济管理创新创业实验教学空间与场地、经济管理创新创业实验教学管理等。

第三节　经济管理实验教学平台建设现状及发展思路

一、经济管理实验教学平台建设现状

实验教学平台作为培养和提高学生学习能力、创新能力、操作能力的有效载体,是教师组织学生开展各学科实验教学的一个必备基本硬件,它既是物化的形式,也是思想的集成。通过长期建设,特别是近十年来,通过各级示范中心和重点实验室建设,高校实验教学平台硬件条件和技术环境都有了大的提升,实验教学内涵也不断在丰富拓展。经济管理实验教学起步较晚,但近十年来发展很快,在实验教学资源、实验教学软件、实验教学场地、实验教学环境等方面有了长足发展,能很好地满足经济管理人才培养需要,特别是通过几轮示范中心建设,有 29 所高校拥有国家级经济管理实验教学示范中心或建设单位称号,形成了全国各具特色的国家级经济管理类实验教学示范中心和一批省级实验教学示范中心;逐渐形成了专业水平高的经济管理实验教学队伍,其中高级职称人数超过 70%;形成了分层次、模块化,与理论教学相对独立的经济管理实验教学体系;实验教学资源丰富,购置了国内外经济管理数据库、案例库;探索形成了相对完善的制度保障和管理保障。但经济管理实验教学平台建设仍然存在一些问题,突出表现在以下几个方面。

（一）重视程度普遍不够,建设理念较为落后

我国高校普遍存在重视理论教学轻视实验教学、实验教学依附于理论教学等陈旧观念。实验教学中心一般被认定为教辅单位,在校内地位较低,甚至可

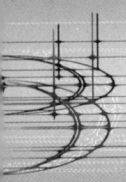

有可无。经济管理实验教学中心更是备受歧视，一些人认为经济管理专业根本不需要开设实验课程。目前，这些观念和认识对经管类实验教学平台的建设和发展形成了不少的阻碍和阻力，直接后果是教育主管部门和高校对经济管理类实验教学平台的建设经费投入不足，相关激励或奖励政策往往将实验教学排除在外，更谈不上对实验教学实施特殊优惠政策。许多高校在具体的实验室建设和实验教学过程中，局限于封闭的实验室建设模式，闭门造车，没有很好地与社会、与企业结合，实验教学基本上是在固定的场所利用计算机模拟进行，既不能让学生有身临其境的立体模拟感受，也不能保证实验环境、实验教学内容不断更新与完善，实验教学效果可想而知。

（二）实验教学体系缺乏系统性，教学资源缺乏融合性

系统的实验教学体系应该充分体现三个适应，即与理论教学体系相适应，与人才培养目标相适应，实验课程之间相互适应。目前，经管类实验教学体系还很难与理论教学体系真正做到相辅相成，实验课程与理论课程之间的矛盾普遍存在，实验课程的设置没有充分考虑学生能力培养的需要，难以形成基于能力培养的系统体系。例如在学科综合实训和创新创业教育方面，虽然人们都承认其对学生能力培养的重要性，但目前高校在相关课程设置、综合实训基地和创业基地建设等方面十分薄弱，实验课程之间相互脱节和重复的情况也普遍存在，从而使得实验教学体系缺乏系统性。长期以来，经济管理类专业受实验教学内容和教学方法的限制，加上各学科专业分工细、口径窄，附属于各专业课的实验课教学内容单一，缺乏综合性、创新性实验教学内容，因此，在经济管理类专业实验教学平台建设中，普遍存在仅仅从各专业实验教学的单一目标要求出发，进行相关实验室硬件和软件建设的情况。各个专业实验室的实验教学资源处于相对孤立、分割的状态，实验教学资源缺乏有效的整合与配置，使实验教学资源建设存在一定的浪费，没有很好地融入学

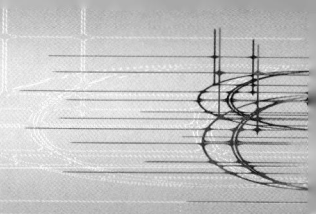

科建设之中。同时，由于缺乏深入广泛的校企合作，高校在实验教学中引入的优质社会资源也相对偏少。

（三）硬件建设发展较快软件建设滞后、利用不充分

理工科实验平台建设起步早，形成了很多经典性实验和理念，且理工科实验专业性强，设备仪器投入要求高，设备共用性、共享性差，一个实验项目可能就需要一台专门的仪器设备，且难以与其他实验项目共用。经济管理实验教学起步较晚，在建设之初多借鉴其他学科，特别是理工科实验室及平台建设的经验和办法。目前，经济管理实验教学平台普遍以硬件建设为重点，以硬件建设投入为主，而经济管理实验教学必需的教学资源、教学队伍、技术队伍、教学方法和模式等软内容建设相对于硬件滞后，利用率不高，在人才培养中没有真正发挥作用。经济管理实验教学平台建设的目的是支撑经济管理专业人才培养目标，但一直以来，开设经济管理类专业的学校很多，基本上形成了"无校不经管"的现象，认为经济管理专业的人才培养在课堂上讲讲、校外去看看就可以了，不重视经济管理专业人才对实践、实训的需求。因此，应对各种专业建设、学校评估等，学校会对经济管理实验教学平台硬条件进行一定投入，并希望这些投入是有形的，是可以看得见、摸得着的设备和仪器，这样既提高了学校生均设备值，也扩大了实验室空间，但由于不重视与相应实验条件相匹配的，甚至适当超前的实验教学项目设计、实验教学方法研究、实验教学队伍建设，出现了有设备、有软件，却没有真正发挥效用的情况。

（四）平台建设的同质化问题严重，特色不突出

经济管理专业实验教学平台在很多有相关专业的学校逐步建立，在各自高校都形成一定实验室规模和资产价值的经管实验教学硬平台，形成了具有一定规模的经济管理实验教学队伍。但各高校经济管理实验教学平台同质化问题突出，表现为无论是中职学校、高职学校、应用型本科院校，还是研究性大学，

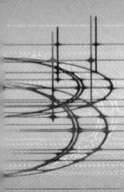

平台多以"软件+计算机"为主,辅以沙盘等其他形式的经济管理教学实验环境,严重缺乏专门的经济管理实验教学人才和队伍,致使我们的经济管理实验教学方法一直跟不上形势发展的需要,实验项目验证和流程操作性多,这都是目前各高校实验教学缺乏特色的表现。由于各高校人才培养目标不同、各学校学科优势不同、人才培养定位不同、服务区域不同,在经济管理实验教学平台建设中,应紧密结合学校学科特色、人才培养目标、社会服务领域,形成各具特色的经济管理实验教学平台。

二、经济管理实验教学平台建设思路

我们认为,经济管理实验教学平台建设的总体思路是充分把握未来发展趋势,树立具有时代特征的新型教育理念和人才培育观念,以改革创新为动力,明确经济管理实验教学平台建设的目标任务,建立健全各项管理制度,切实提高实验教学队伍的综合素质,培养学生的学习能力、实践能力和创新能力,逐步改善实验条件,全力推进实验资源开放共享,充分发挥实验教学水平和实验室的使用效益,确保教学质量得到进一步提高。具体体现在以下几个方面。

(一)建设目标

事实证明,搞好经济管理实验教学平台建设,不仅是培养和提升学生实践操作能力和创新创业能力的一个重要手段,更是人才培养的重要支撑和保障。所以平台建设,要以培养和提升学生实践能力和创新创业能力为中心,树立全员、全程育人的理念,坚持依靠学生,充分调动和发挥学生的积极性、主动性,把服务于学生贯穿在经济管理实验教学全过程,促使每个学生积极参与和投入教学实验中,在实验中实现知识传授和理论创新,实现培养学生创新创业能力的目标。

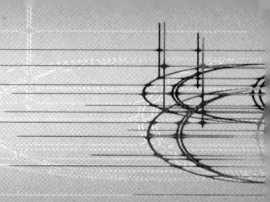

（二）建设路径

经济管理实验教学平台建设要坚持理论与实验结合，既注重理论建设，又应用理论创新实验，还要通过实验创新经济管理学科理论，培养学生理论创新的实验手段能力。经济管理实验教学平台的规划和建设，要把实验教学和理论教学放在同等重要的位置，同时在思想上引起高度重视，把二者作为一个有机整体，在工作上优势互补、协调发展，在平台建设过程中，构建理论教学与实验教学并重、统筹协调的实验教学体系，形成支撑人才培养的重要实验教学路径。经济管理实验教学平台要逐步去虚拟化，实现模拟与实战的结合，让学生在校内实验室参与经济管理实战，在实战中锻炼和提升实践能力。经济管理实验教学平台建设，要把现实中的企业行为引入课堂，涉及的相关数据要客观真实，列举的典型案例要有代表性、针对性。这样的实战教学，可以使学生身临其境地感受到一行业的主要业务流程和规则，真正把理论知识运用于实践，推动在实验室的教学内容由模拟向仿真再向现实的转变，减少学生步入社会参加工作所需要的适应时间。

经济管理实验教学平台建设要适应人才发展的大趋势，充分把握目前创业教育的新要求和需要，进一步强化专业实验教学与创业教育结合。经济管理实验教学平台建设要在传授专业技能和知识的同时，积极主动向学生灌输创业意识，培养学生在激烈的市场竞争中增强自身的创业能力，通过开展创业教育提升学生的专业技能和水平，在专业技术的训练和培养中增强创业能力，实现专业能力提升与创业能力培养相互促进、相互推动。经济管理实验教学平台的建设要应用科研成果，反馈于实验教学中，实现科研促进教学、教学补充科研的良性互动局面；要注重实验教学和科研资源共享，打破科研与教学资源两条线、各建各的现状，实现实验资源在教学和科研上共享、共用，共同育人、共出成果，做到实验教学为科研培养人才，科研成果转化为教学内容和实验课题。

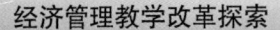

规划和建设经济管理实验教学平台必须解放思想，拓宽思路，摆脱课程教学的束缚，不能一叶障目，要切实把实验教学延伸到第二课堂，实现实验教学第一课堂与第二课堂的有机结合，做到学生第一课堂学基础与理论，第二课堂发展兴趣促创新。经济管理实验教学平台的建设要高度重视第二课堂的重要作用，通过开展第二课堂实验教学活动，使两个课堂优势互补，这可以有效地弥补第一课堂的缺点和不足，取得更好的教学效果。经济管理实验教学平台的建设要满足学生一二课堂的需要，开发实验课程，开放实验资源，特别是要拓展创新创业实验教学的案例与内容，在确保学生在学好专业知识和提高实践能力的同时，进一步增强创新意识和创业能力。经济管理实验教学平台建设要充分汲取社会实践资源，打破封闭式建设模式，充分应用校外企业、事业单位等机构对实验教学的补充，形成实验教学资源来源于校外、应用于课堂，建设经济管理实验教学校外实验室，形成校企互动、互为资源，共同培养人才的格局。

（三）建设内容

经济管理实验教学平台建设主要包括三方面内容，分别是创新创业教学平台建设、开放实验教学平台建设和实验课程教学平台建设。这三方面内容紧密联系，互相补充，组成一个不可分割的整体。其中实验课程教学平台是整个经济管理实验教学建设的核心内容和关键环节，也是提高学生社会实践能力和创新创业能力的载体，它包括支持不同能力培养和知识传授的实验项目和实验课程，以及由此按规律或层次构成的实验课程体系。开放实验教学平台是实验教学一二课程结合、模拟与实战结合、校企结合的重要载体和体现，开放实验教学平台包括构建完善的开放制度、建设开放实验课程和项目、组建开放实验"双师型"指导队伍，开展与专业紧密结合的学科竞赛和论坛等。创新创业实验教学平台是实验教学的提升和最高层次，它包括培养创新创业能力的一二课堂实验教学、创新创业模拟训练、创新创业实战等，它需要与专业实验教学相结合，

实现专业能力培养与创新创业能力培养的融合。

（四）建设保障

实现经济管理实验教学平台建设目标，需要经济管理实验教学队伍保障、管理保障、条件保障和监控保障等。管理保障是实现平台建设的重要支撑，是实验教学平台建设和实验教学运行的前提，它包括实验教学管理体制、教学运行管理、实验设备管理等。实验教学队伍保障是实验教学的根本和关键，没有优秀的实验队伍，便难以支撑经济管理实验教学平台，它包括队伍组成、队伍结构、队伍素质，以及队伍与实验教学平台协调、队伍的培训和提升机制等。实验条件保障是经济管理实验教学平台建设的基础，没有条件保障，实验教学就"巧妇难为无米之炊"，实验条件包括经济管理实验教学平台需要的实验设备、实验软件、实验资源等。监控保障是经济管理实验教学平台高效运行的重要手段，它是保证实验教学质量和实验教学效果的关键，缺少监控机制，就难以保障实验教学条件的有效利用、实验教学内容的顺利开展和实验教学组织的有序进行。

第四节　经济管理实验课程教学方法改革

一、实验教学方法概述

要想实现实验课程的教学目标，就要通过实验教学方法，打造适合目标教学的有效模式，另外凭借实验教学手段的有效保证，在新教学大纲的指引下，走出一条创新驱动的实验教学新路径。在实验课程建设中，要充分利用现代教育技术和手段，积极探索现代化实验教学方法，促进实验课程教学质量的提高。

（一）实验教学方法概念

所谓实验教学，从主体的分类角度来说，包括教师和学生，两者构成教学中的主要应用对象，两者统一在一个共同的教学目标下，针对某个实验中的项目，确定一个总体目标，然后两者围绕这一目标，通过采取一定的实验方法和手段，共同完成实验的教学任务的过程。

（二）教学方法的分类

教学方法是一种体系，它通过一定的教学法则或者标准，按照一定的内在逻辑关系而进行的一种教学分类法。不同的教育研究者分类依据不同，对教学方法的分类也完全不同。

李秉德教授以中国学校教育教学实际为出发点，从利于教师选择运用的角度，把教学方法分为以语言传递信息为主的方法、以直接感知为主的方法、以实际训练为主的方法、以欣赏活动为主的方法、以引导探究为主的方法五类。黄甫全教授按照从具体到抽象的层次将教学方法分为原理性教学方法、技术性

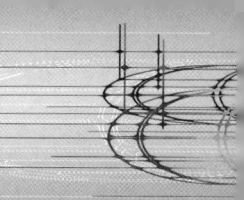

教学方法和操作性教学方法三类。

由于教学方法的分类基于所有的教学模式和方式,而实验教学是特定的实验教学模式,所以实验教学方法的具体类型只是某种分类模式下的一部分。

(三)教学方法的内涵

教学方法是教学过程中的教师和学生的两方,通过完成教学的目的和教学的任务要求,在教学活动中共同采取的一种行为方式的总称。尽管教学方法有着很多不同的分类,但从其内在的实质来看,都具有相似的特性,具体表现在教育的特定性和教学中具有的价值观念,并受制于教学内容的特定性、教学组织形式的具体性。因此,无论哪种教学方式,都存在共同的特点。首先,依据目的性教学、任务型教学,开展方法性的教学模式;其次,作为一种教学手段,帮助教师和学生针对教学内容提出有效的应对方案;最后,在整个教学体系中,规范两者间的行为和关系。

二、典型的经济管理实验教学方法

从表面看,理论教学和实验教学似乎并无差异,但从实质性教学来见,两者有本质上的区分,所以,无论依据何种分类,从教学的层面讲,实验教学都只是采用其中的某一部分方法,对于某个实验项目具体讨论采用哪种实验方法分类没有太大的现实意义,重要的应该是根据不同的实验教学内容、目的和任务要求,采用与之适应的具体方法。由于经济管理类学科涉及的实验项目类型广泛,既有基本理论与知识的验证类型,也有设计类型、研究型和探索研究类型以及实训类型的实验项目,因此,采用的实验教学方法是十分丰富的。目前,经管类实验教学主要采用的教学方法有模拟仿真教学法、实战教学法、互动式教学法、自主式教学法、案例式教学法、探究式教学法、项目驱动教学法等。

（一）模拟仿真教学法

仿真模拟教学法，可以构建实验内容所需的逼真环境，激发学生学习兴趣。采用推演式模拟，可以模拟企业经营过程与具体决策程序导致的可能性；采用现场模拟，使用模拟设备，可以使参加实训的学生感受企业经营场景的完整运作过程。如"SCM模式下物流与商务综合实训"实验课程，从供应链管理（SCM）角度出发，重点围绕供应链管理中物流与商务活动，通过任务引领、角色扮演等方式，多角色、全过程地仿真模拟供应商、生产企业、商贸企业（电子商务公司、零售企业、国际贸易企业）和第三方物流企业的作业流程与管理决策，综合训练学生物流与商务经营管理意识与业务技能。

（二）实战教学法

实战教学法是学生参与或独立开展完全真实的社会企业或行业业务，在业务开展中使相关专业知识和能力以及相关综合素质得到锻炼的方法。重庆工商大学经济管理实验教学中心创造条件，让经管类各专业独立设立创业实训公司，由学生组建经营团队，结合专业知识开展相关业务，教师适当给予指导。通过实际的企业经营，团队成员的综合素质和能力得到全面锻炼。另外，该校在专业综合能力培养方面开展了实战训练，如会计咨询公司开展的会计实战训练、调查分析公司开展的统计分析实战训练，都起到了企业经营与专业知识有机结合的综合能力锻炼效果。少量资金开户以及股票实战，达到了进行股票投资理财的综合训练。

（三）互动式教学法

在"企业经营管理综合设计与实训"课程的实验教学中，可以组织学生组成企业团队，进行企业经营决策对抗，每个学生通过角色扮演和互动，感受真实竞争环境下不同主体在经营决策中的博弈行为。"国际贸易模拟实验"，则通过实验小组中进出口商、供应商、银行、海关等扮演角色之间的互动，

使学生既掌握整个进出口业务流程，又真实感受进出口业务活动中不同角色的定位与作用。

（四）自主式教学法

在实验教学过程中，可以为学生设计柔性的实验内容和实验要求，在完成基本的实验项目后，不同学生可根据需要自主选择其他实验内容，通过开放式实验教学平台，让学生自主决定实验时间和地点。如重庆工商大学的"国际贸易模拟实验"课程，教师设计 20 多个实验项目，部分项目让学生自由选择组合学习。又如重庆工商大学经济管理实验教学中心采用的由师生设计、申报并经审批构建实验项目库（"经济管理实验项目超市"）资源，中心提供资源的教学安排，学生根据个人发展需求自主选择其中的某些实验项目参与学习。再如，由教师组织设计系列研究性创新型开放项目，由学生自主选择并完全自主开展，最后提交研究报告和参加答辩。

（五）案例式教学法

案例式教学法是一种能够把认知性与感受性学习方式较好融合起来的、沟通理论与实践的教学方法。就目前来看，在世界范围内进行人才培养已经有了一定的创新方式，那就是以实践经验为基础的探索性教学模式，我们称之为案例教学法。案例教学法之所以能得到广泛推广，在于它不同于以往传统的教学方式。过去传统的教学方式以书本为基础，实行的是概念化教学方式，没有达到人们的实际需求，如今创新推出的这种案例教学模式，让学生作为教学的主体，有效地推进了学生的主动意识、合作意识、研究意识和探索意识。这种教学方法，要求教师在教学、科研和服务企业的过程中，收集国内外企业经营管理实践中的素材，不断发掘企业经营管理实践中有代表性的典型问题，并对其进行分析提炼，形成企业经营管理各环节的案例，并把这些案例纳入实验教学中，逐步形成个性化的案例教学库。学生在实验过程中，对企业管理教学案例

进行分析讨论，获得发现问题、分析问题、解决问题的能力。

（六）探究式教学法

探究式教学又称发现法、研究法，它是一种多渠道设计的实验方法，需要充分发挥学生的动手能力，亲身参与和设计相应的项目内容，并通过主观观察、亲身实验、严密思考、共同讨论等渠道去实施项目来达到知识综合应用和能力培养的目的。学生可以充分发挥自己的主观能动性，以教师为引导，分层次多结构地对一些客观事物进行解剖分析，从事情的因果中探寻客观规律，最终创造出独有的概念。探究式教学法，有利于增强学生的主体地位和自主能力。以证券投资模拟实验为例，可以由学生自己设计股票投资计划，然后根据计划研究市场行情、所投资股票的企业背景、业绩、发展趋势以及宏观环境等因素，确定买卖的价格与时机，最终根据结果评价业绩，同时自我评价在这过程中的得失。

（七）项目驱动教学法

为了促进项目在各个环节得到良好的推动，在教学过程中往往可以选择一个具体的项目作为一个基点，在对问题层层地挖掘后，综合运用相关的知识和能力，为这个完整的项目提供可供解决的有效方案，这种新型教学模式我们称之为项目驱动教学法。

第五节　经济管理开放实验教学创新研究

一、经济管理开放实验教学平台的类型

（一）按开放的程度划分

开放实验教学平台按开放的程度可分为完全开放实验教学平台和半开放实验教学平台。将开放实验与课程实验融为一体，分层次设置开放实验教学课程体系和内容，通过必修实验与选修实验的方式，实现学生个体异化培养过程，达到个性化教育培养的目的，这是高层次的开放实验教学。高校需要对原有的课程实验教学体系进行开放性变革，改造成开放实验教学体系模式。

半开放实验教学平台是与课程实验教学平台并行的独立运行的开放实验教学平台，原课程实验不变，它通过单独设立开放实验课程和项目，经学生自主选择开放实验项目，完成实验内容，达到实验主体局部过程异化的教学培养目标。

（二）按开放的性质划分

开放实验教学平台按开放的性质可分为教学型开放实验平台和科研创新型开放实验平台。教学型开放实验平台侧重于以开放的方式进行实验教学的平台，是基础层次实验教学的开放平台。科研创新型开放平台是针对科学研究创新的实验需要，提供方便的研究场所，是更高层的开放平台。

（三）按开放程度与开放性质结合划分

经济管理类教学平台的分类，一般可从两种层面进行划分，大体上以完全

开放、半完全开放两大类,完全开放平台包括教学型和科研型两类,半完全开放平台包括教学型、科研创新型。

二、完全开放经济管理实验教学平台建设

(一)完全开放经济管理实验教学体系

1. 课程体系

完全开放经济管理实验教学平台课程体系是将实验课程体系按能力培养要求建设,针对一些实验课程,要求做到专业、基础,并赋予一定的完整性。如果遇到多样化的实验课程,会出现很多有着独立设置特征的实验课程、具有实验性质的研讨课以及以实验项目为研究基础的项目课程等,另外还存在必修和选修两种课程之分。

2. 自主选择

实验课程除必修的课程外,还提供给学生自主选修课程。必修课和选修课的实验项目菜单化,学生可根据培养目标、专业学科知识、技能要求等自主选择实验项目,构成课程实验班、实验小组等,在保证基本要求的基础上提供给学生更多的自主选择。

3. 课外开放教学

开设的实验选修课、各类专业学科竞赛活动、学生专业俱乐部活动、学生自主进行项目研究等课外开放教学项目,要尽可能丰富,课外开放实验教学量(人时数)占实验室实验教学总量的比例应不断提高。

4. 科研创新教学

积极开展学科竞赛和课程学习竞赛,鼓励学生自主提出科研创新型项目,或参与教师科研人员的科研创新项目,让学习更具研究特征。所谓创新型科研教学,顾名思义就是教学要具有创新特点,具体表现在教学要具有活动的系列

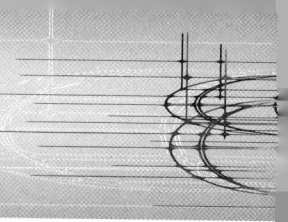

性,还要可持续化。合理设置课程考核机制,使学生科研创新成效能够得以量化。

(二)完全开放经济管理实验教学内容

1. 项目类型

实验项目按基础型、专业型、综合设计型、研究探索型四个类型设置,比例为1∶1∶1∶1。当然,这个比例可根据学科专业特征适当调整。

2. 项目利用

学生在自主选择项目时,须对各类型的项目利用有一定的比例配比,以防止学生倾向择易避难的机会主义行为,尤其是综合设计型、研究探索型实验项目被利用的频度要适当增加。

(三)完全开放经济管理实验教学评价

一种合理有效的教学评价,在完全开放的经济管理实验中起着重要的作用。它在对学生的要求方面,有以下几个特点:首先,对学生提出了诸多要求,比如学生自身的技能、基础知识等,需要做到有深度和广度。其次,学生在求学过程中,有哪些实验成果,有哪些具体的实践能力,尤其对创新的成果有着更高水平的要求,如一些作品特别是一些已经刊发的论文或经专业批准的专利等,还要将学生参加学科竞赛、课程学习竞赛获得的奖项一并汇总在评定标准规定的范畴中。最后,学生的评价体系越来越成熟,并呈现多样化的趋势。

(四)完全开放经济管理实验教学队伍

1. 队伍结构

完全开放经济管理实验教学队伍包括教学队伍、管理队伍和技术队伍,三支队伍结构要合理,符合实验教学实际需要。实验教学队伍与理论教学队伍、行业专家队伍互通,核心骨干队伍相对稳定,形成理论、实验、行业动态平衡,实验教学队伍教风优良,严谨治学。在任课教师的评定选拔过程中,采用公平

合理原则，一般由实验教学中的专职老师、兼职理论课教师、兼职科研专业人员以及在企业事业单位中有着专家和研究生头衔的人员构成。

2. 岗位设置

要把专业的人安排在专业的岗位上，对于一些重要的实验项目，更应秉承明确合理、责任到位的人员安排的原则，专业人员做专业的事情。

（五）完全开放经济管理实验教学网络平台

1. 教学网络资源

完全开放经济管理实验教学需要准备多种多样的材料以备不时之需，这种素材从属性上看如同媒体素材，自身带有一定的网络和信息特性，这在传播教学中有着独有的优势，具体素材有课程及项目库、试题库、课件、案例、文献资料、常见问题解答、资源目录索引及网络课程、教学软件、教学课程信息、实验室信息等。

2. 网络平台功能

这种平台功能是按照系统中存在的用户等级进行分类的，且按照权限进行划分，一般由学生、教师、管理员（统管系统）三个主体构成。

3. 管理员用户功能

管理员是登录系统的主体凭证，如同电脑账户一样，在通过管理平台登录后，即可完成对多个对象的维护管理，比如教师、学生，甚至课程课件。另外，它包括账户管理、课程管理、班级管理、教务管理、数据管理等。账户管理是管理员管理教师和学生的信息安全的一种方法，它会按照设定的日期，当学生和教师在注册时，输入手机收到的验证码经过后台数据库统计整理；课程管理是对课程项目的征集、添加、修改的变更；班级管理是根据学生选课情况进行实验课程班级的编排，教室的安排等。

（六）完全开放经济管理实验教学管理制度

教学管理制度包括开放实验运行管理办法、监督、考核办法等，实验室管理制度包括开放实验室建设制度、开放实验室使用管理制度、实验室安全管理制度、仪器与设备维护管理制度。

三、经济管理开放实验平台建设典型案例

一个创新型教学实验平台，在经济管理的运作范畴中，有着更为实际的效果。比如一个叫经济管理实验项目的超市，它便是一个成功的实验项目，该项目定位于学生的实践和创业两个方面，基本功能是将实验教学的理念放在了实验教学的开放平台，以此增强学生的动手动脑能力，这个平台就是重庆工商大学经济管理实验教学中心。

（一）重庆工商大学经济管理开放实验项目超市平台

1. "经济管理开放实验项目超市"的内涵

这种类型的实验项目，完全从学生的角度出发，涵盖一些动态又精细的实验项目，学生可以主动选择实验中的项目进行实践活动。在具体参与过程中，学生可以发挥主观能动性，选择适合自己的项目。

2. "经济管理开放实验项目超市"的项目来源及特点

（1）"超市"项目来源

从项目来源来讲，"超市"汇集创新和普通开放实验项目两个大类，这种项目源自于开放自愿的方式申请。说到创新项目的来源，可从两个方面解析，其一，来自于教师对科研课题转化或者提炼的项目，具体来说是针对那些在研经济管理类的课题转化为一些精小开放的实验项目。这样，教师在教学科研课题时，一来可以辅助做更多的课题研究，把课时工作量有效提高，二来学生在获得学分的同时还能从老师那里获得对知识理论和科研学习有着

更深的理解。其二，针对那些来自企业和事业单位的项目，这种项目本来是一种横向的研究项目，后来经过教师的创新转变，变成了开放实验项目，这样学生便在教师的引导下，完成了该项目的学习锻炼过程。

与创新项目来源相对的是普通开放项目来源，它有着三个方面的特点：一是教师可以把握实验教学的开放性，教师可以对一些课堂教学进行主观设计，将这类项目分成两种类型进行研究，要么将知识分割成相对独立的模块，要么将项目定位为能力训练，如企业设立、网上开店、网店美化等。二是企事业单位中的实务，经业内专家转化，同样适用于开放的实验项目。其实践效果具体体现在以下方面：它来自于具体的实务，通过与实验课程相结合，不仅帮助学生加深对行业动态及发展状况的了解，还在一定程度上提高了学生的实验兴趣，促进行业中人才的选拔。三是，源自学生关于拓展专业学科素质培训的项目，这里可以举个实例来解析，比如在炒股过程中，利用指标和实践的两方面培训，就起到了对经管类学生培训的目标。

（2）"超市"项目的特点

第一，具有自主性。学生不仅可以把自己独立设计的项目带到课堂中进行实验，还可以从"项目超市库"中自由选择项目。

第二，具有开放性。"超市"项目的来由和指导教师团队是开放型的，"超市"项目面对的人群同样具有开放性，本科生、研究生均可参与，这样每个学生都可以根据自身的特点和需求自主选择，有利于培养学生的个性特点。

第三，具有融合性。其一，此项目融合了实验教学和行业实务，有效促进教学模式的发展；其二，转化科研课题为实验教学项目，并与学科竞赛进行巧妙融合。

（二）经济管理类开放实验项目超市的运行机制

重庆工商大学经济管理实验教学中心结合学校《重庆工商大学教学实验

室开放管理办法》《重庆工商大学学生素质拓展第二课堂活动学分管理办法》《重庆工商大学学生素质拓展培训类课程管理办法》等相关文件，探索性地制订了《经济管理实验教学中心开放管理办法（试行）》。学期开始，学校会提供一些具有开放性的实验活动让全校学生自由选择，并不是学生所选的课程均可开课，只有选课的人数达到最低要求的数量才可以。创新学分最少为2分，综合素质学分最少为2分。

四、建立学生专业俱乐部

重庆工商大学经济管理实验教学中心秉承"依托学生、服务学生、培养学生"的教学理念，探索基于学生专业俱乐部的开放实验形式，先后成立了"ERP学生俱乐部""大学生投资理财俱乐部""大学生创新创业联盟"三大学生俱乐部（社团），鼓励支持学生利用实验资源自主开展专业实验实践活动。目前，学生俱乐部会员达到1 800余人。2010年至今，学生俱乐部利用中心实验资源，自主进行实验150余次，举办学术沙龙10余次，组织学术报告15次。

五、举办学科专业竞赛活动

重庆工商大学经济管理实验教学中心通过"以赛促学"方式，推动开放实验教学，策划并定期举办了"重庆工商大学大学生管理决策模拟大赛""重庆工商大学大学生投资理财模拟大赛""重庆工商大学大学生创业模拟大赛"等三大校级学科品牌竞赛活动，同时，积极组织学生参加省市和全国学科比赛，搭建并营造良好、开放、互动的学科竞赛平台，促进了学生知识和能力的全面提升。

六、经济管理开放实验平台典型案例建设的特点

（一）优化学分制结构，提升了开放实验教学的吸引力

学生是开放实验教学的主体，调动学生参与的积极性是开放实验教学的关键。许多财经院校在时间、空间、仪器、设备等方面对学生实行全面开放，但学生自身难以提出实验项目，老师提出的项目对学生也没什么积极性，因此开放实验很难吸引学生。重庆工商大学"经济管理开放实验项目超市"紧密结合人才培养方案，充分利用人才培养计划改革、创新学分制结构的大好时机，在新增学生素质类和创新类学分下，将开放实验学分融入新增的素质学分和创新学分中，学生通过开放实验可以获得素质类或创新类学分，这在经济管理实验课程独立于理论课程的基础上，又为开放实验课程的开设和运行提供了保证，大大提高了开放实验教学的地位，增强了开放实验对学生的吸引力，为开放实验教学的有效开展奠定了坚实的制度基础，有利于激励学生参加开放实验的热情。

（二）开放师资队伍，活化了开放实验项目的源头

建立开放式动态项目库，吸引了大量教学、科研、行业专家加入开放实验教师队伍，形成了一支高水平、高技能、高素质的开放实验教师队伍，这不仅将科学研究、行业案例与开放实验有机融合，而且活化了开放实验项目的源头，保障了开放实验项目的高质量和高水平。

（三）探索多样化开放实验，丰富了开放实验教学模式

学校通过"项目超市"、学生俱乐部、专业学科竞赛等多种形式的开放实验形式，提供了开放实验在人才塑造中的多视角性，学生的参与能力以及参与后相互影响的同群效应在学生成长中慢慢呈现出来。

第六节 经济管理创新创业教育教学研究

创新创业教育是世界教育发展的方向,是高校全面推进素质教育的突破口。1998年10月,联合国教科文组织在总部巴黎召开世界高等教育会议,发表了《21世纪的高等教育,展望与行动世界宣言》和《高等教育改革和发展的优先行动框架》,强调必须把培养学生的创业技能和创业精神作为高等教育的基本目标。教育部门在发布的关于鼓励大学生自主创业的相关文件中提出,高校应该在完成对学生专业知识传授的基础上,增加一些关于创业创新的讲座或者课程,同时配合适当的实践活动,以此推进创业与专业的有机结合。因此,建设与专业教育融合的经济管理创新创业实验教学平台,具有十分重要的现实意义。

一、创新创业教育概述

我们认为,创业有广义与狭义之分。广义而言,创业指开创新事业的活动,可以是创造企业,也可以是创造家业、创业事业等。狭义而言,创业则仅指创办新的企业,以获取商业利益。

在学校教育中,对学生而言,创新是在个人已有的一些认知上面,发现新的现象、发明新的方法、寻找新的规律、创造新的理论、增长新的学识等等。这种不在原有理论范围内的东西都可以认为是一种创新。我们可以将创新培养分为两个类别,第一个类别是为了培养学生精神层面的创新意识,使学生有意识地探索新的知识与理论而组织的一些活动。第二个类别是从教育理念出发,从学校的教学制度上更改对学生的教育目标,使培养一个有创新意识、创新素质、创新干劲的学生为培养目标。我们可以得出,创新的培养不仅仅是能力上

的培养，精神层面上的培养也是不可缺少的，因此，各类高校应该从多方面培养学生的创新创业意识和能力，以为社会创造更多的创新型人才为教育培养的主要目标和努力方向。

二、经济管理创新创业教育教学现状

我国很多的大学都增加了很多关于培养学生创新创业的活动以及相关课程，并且取得了一定的成效，但同时也存在一些误区和问题。因为我国对于此方面培养开展的时间有限，所以培养的范围以及深入程度还有待提高。本书主要分析我国高校经济管理创新创业教育教学（含相关实验教学）的现状和问题。

经济管理创新创业教育应该深入分析自己专业的特点特征，深入对社会需求的调查研究，总结出适合自己专业创新创业的教育目标与教学特点，帮助学生直观地得到创业重点，增加学生对创业的兴趣，提高学生的体验感，从而鼓励更多的学生走上创新创业的道路。就现在来说，我国部分高校对创业的培养已经粗见成效。

（一）第一课堂与第二课堂结合开展创业教育

鼓励学生创新创业，首先需要学生有一个创新的意识，对创业有一个最基本的了解与认知。为了达到这个目的，现在部分高校会在第一课堂，也就是在一些创业理论学习的基础上增加第二课堂，开展各类创新活动，双管齐下，多方面培养学生的创新能力。首先，第一课堂开展创业教育相关课程，在认知方面对学生进行培养，使学生对创新创业有一个系统的理论知识体系。在第一课堂的基础上辅助第二课堂，增加一些创新比赛、创业模拟，或者是请一些有经验的前辈来为学生作讲座，帮助学生建立创新创业的平台，便于学生将学到的知识应用到实际中。目前，在全国最有影响的创业大赛是由共青团中央、中国

科协全国学联主办的"挑战杯"中国大学生创业计划竞赛。

（二）组建专门的创业教育教学机构，推荐创业教育

2009年，西安外事学院创业学院成立。这是我国首家将创业作为一门专业课程设立的高校，有了这个开端，此后陆陆续续有一些其他的高等院校也设立了专门的创业学院，如北京航空航天大学专门设立了创业管理学院，黑龙江大学成立了创业教育学院，中南大学也有了创业指导中心。以黑龙江大学为例，它们除了设立创业教育学院以外，还找了6个单位作为学校创业教育的合作单位，最大限度地支持学生创业。同时，学校还为创业创新教育设立了专门的选修课程以及相应的学分评定制度，还找了专业的导师对学生进行教学。在相关的专业课程教育过程中，集中各种相关的资源，为学生提供方便，建立相关的园区，设立奖学金，鼓励学生创新，学校有为这个专业专门设置的实验室、竞赛活动等等，为学生创造便利的学习环境与学习条件。而且有了适合的合作单位，可以帮助学生毕业之后直接进入合作单位实习培训，帮助学生及时将学到的知识应用到实际工作中。

三、经济管理创新创业实验教学平台建设

高校经济管理创新创业实验教学平台建设应该结合素质教育和专业教育，采用多种形式的组织方式和教学方法。

（一）创新创业实验课程体系

大学自主创业课程体系的构建要区分不同学生层面，分别进行设计，主要分为创新创业普及教育课程模式和专业创业教育培训模式。

1. 创业普及教育课程体系

第一，创新创业理论课程。开设"创业学"（或称"创业基础""创业原理"）、"创业管理"等通识理论课程，让学生掌握创新创业的基本理论、知

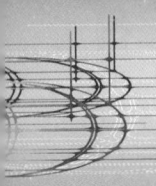

识和方法。

第二，创业实务应用的课程。这类课程更加贴合学生的就业方向，是依据学生的所学专业设置的。如对于旅游专业的学生可以专门开设关于旅游创业的课程实务，对于酒店专业的学生开设餐饮课程实务等等。

第三，创新创业模拟课程。如开设"创业模拟实训"课程，通过软件模拟进行教学。

2. 创业专门教育课程体系

第一，理论教学课程体系。包括创业的基础知识课程、主要运行的课程以及一些实践实习的课程，在基础知识课程中除了经济管理专业必须开设"西方经济学""会计学""管理学""统计学""市场营销""金融学""经济法"等课程以外，还包括"创业学概论"（或称"创业基础"）、"创业管理"、"创新学"等课程，一般为必修课。创业主干课程是针对大学生创业所需的专业知识而开设的相关课程，包括"创业策划""企业创立""创业经营学""创业领导""人力资源管理""创业公关学""管理沟通""创业财务""创业税务""电子商务创业"等课程，一般为必修课。创业的实践实习课程主要是针对学生不同的创业需求而专门设立的，目的就是对不同的创业目标更加有针对性地培养学生的创新意识和创业理念，这些课程包括"家族企业创业""国际创业专题""技术创业专题""创新思维训练"等，一般为选修课。

第二，实验教学课程体系。高校可以开设"创业模拟"以及"创业实践"等相关课程，范围可涉及学生对创业项目的选定、发展计划的安排、创业初始资金的筹备、创业团队的选择、企业合理运行等。"创业模拟"课程可以在校内通过软件模拟教学的方式得以实现，"创业实战"可以要求学生在创业孵化园自主创业或者公司企业进行创业实习。

构建多学科支撑的创新创业教育课程模式，在为学生树立正确的创新创业

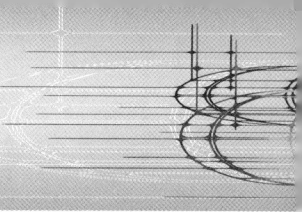

理念的同时，也为专业课程的学习提供了一个应用的平台，同时要注重学科之间的联系，设置更加合适的创新创业教育模式。

（二）创新创业实验教学队伍

现在的高校中，缺少真正有创新创业经验的教师，教师也是基于书本上的知识进行教授，并没有真正的实践经验，同时他们也缺少相关的专业知识培训与规范学习。创业教育师资匮乏，致使许多高校无法进行有效的创业教育，高校应该努力打造一支具有较高理论水平和丰富实践经验的专兼职结合的师资力量，这可以在学校中已有的教师团队中选择，也可以从校外请专业的师资力量。在引进专业的创业类教师的同时，还可以整合学校现有教师资源，把有创新创业经历或担任过企业管理职务的教师打造成具有创新创业知识储备的教师团队，他们在完成学校设立的课程以及教学目标的同时，他们可以为学生创造模拟学习的机会。

高等院校如果建立了更加专业化的教师团队，不仅仅能够达到社会对高校学生创新创业的目标，也能使学生在创新创业过程中遇到问题时能够及时得到解答，使学生在创新创业的前期能够得到更多专业的建议与指导，使创新创业的发展与传播更加快速科学。

（三）创新创业实验教学方法

经济管理学科综合性强，实验教学主要以综合性实验为主。经济管理创新创业实验教学更多的是体现在与专业相融合的综合性实验，与经济学和管理学相互渗透的学科交叉性实验，以创新创业为主体的多科综合性实验，以及学生自主创新的创造性实验。因此，经济管理类创新创业实验教学注重学生的教学方式，多以鼓励式、研讨式、钻研式等参与式的教学方法代替传统的教学方式，同时，要多参考优秀的案例、有特色的模拟活动、有特点的项目，通过案例来激发学生的创业创新欲望。

四、经济管理创新创业实验教学模式

教育部《关于大力推进高等学校创新创业教育和大学生自主创业工作的意见》强调，应该在开展专业知识教育的同时，加强学校对于学生创新创业教育的开展，并且要有适合的实践活动供学生选择。创新创业教育应该与专业知识教育相辅相成，在专业知识的基础上增加创业知识的拓展，使创业知识不脱离实际，也使专业知识更加深入扎实。在高校教育改革中，要注重专业知识与创新创业知识的结合，将双方有机融合在一起，共同发展。

（一）创新创业教育与专业教育结合的必要性

专业知识和创新创业知识相辅相成，共同促进。要想更好地推行大学经济管理专业创新创业的教育与培养，就需要把它与专业知识的教育相互结合。

1. 创新创业教育与专业教育培养目标一致

专业知识人才培养的目的是在培养大学生自身素质的同时，使他们步入社会后能够更好地融入社会，更好地适应社会的发展，满足社会对人才的需求。同样，这也是创新创业人才培养的目标。对学生进行创新创业教育可以培养学生的品德素质，锻炼他们良好的道德标准，多方位地提高他们的能力水平，另外，能够多方位地选择就业途径，减少社会的就业压力。无论是专业知识的教育培养，还是创新创业知识的教育培养，都是为了使学生在毕业之后更好地工作、生活，使他们能够依照自己的意愿为社会创造应有的价值，因此专业知识教育和创新创业教育都是现今高等院校教育的组成部分。

2. 专业知识教育是创新创业教育的基础

创新创业教育是不能脱离专业知识的。创业是多元化的，不是一成不变的，每一个行业都有本行业专业的认知，熟练掌握基础的专业知识是创新创业最基本的要求。学生一定要在结合自身专业特点的基础上进行创新创业，多方面提

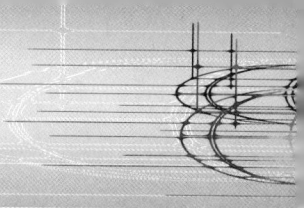

高自身的素质，锻炼自己的综合能力。创新创业教育应在专业教育的基础上开展，离开专业教育就谈不上创新创业教育。

3. 创新创业教育可以促进专业教育深入发展

学生在学习专业知识的基础上增加对相关专业创新创业知识的学习与了解，这个过程相当于专业知识的二次深入学习。我们在创新创业的学习过程中，需要了解这个专业在社会中的定位，社会对于这个专业的需要以及关注点等等，这一过程，也对自身专业知识的认知提升到了一个新的高度，可以帮助我们更加全面地了解我们所学的专业知识，可以帮助我们认识到自身的不足，督促我们学习进步。

综上所述，在相关专业知识的基础上增加创新创业知识的培养与教育，是对专业知识的深入研究，也是对创新创业的一种理性分析，学生更加直观地认识自己的学习，也更加理性地分析、计划自己的将来，这也是两种教育体系相结合想要达到的目的。

（二）与专业教育融合渗透的创新创业实验教学模式

经济管理创新创业实验教学平台在建设时应遵循创业教育的本质和规律，本着"使所有大学生接受创业普及教育，使部分学生接受创业专业教育，使少数学生实现自主创业"的宗旨，循序渐进地开展。在创新创业实验教学模式选择上应采用"以创业课程、专业实训为主体，以专业和创业相结合的第二课堂为依托"的创新创业教育模式。

1. 实验教学内容与创新创业教育融合渗透

为了在日常的教育学习中增加创业的知识，经济管理专业应对市场进行详细的分析了解，判断实验教学的实用性，对现在已有的实验教学模式进行合理的拆分或整合，以此提高学生收获知识的能力、深入学习与研究的信念，以及实践创新能力，努力创造和完善创业型人才培养计划的实施与发展。

我们把创新创业的培养与实验课程相互融合，科学编制课程计划，合理设置教学科目，共同发展学生的专业素养与创业意识。在保证原有专业知识不短缺的基础上，让学生正确认识创业的方式方法以及所需的对人才、知识以及理念的要求，适当地设立一些选修课程，增加对市场的调研活动，从学生的角度对创业创新的一些问题进行调研，同时也设立一些在人际交往、法律法规等方面的课程，多方面培养人才。

2. 实验教学方法与创新创业教育融合渗透

我们在专业课程的基础上增设创新创业知识的教育，并不是要求所有的学生毕业后都去创业创新，而是为了多方面、多角度地对学生进行培养，给学生更多的选择空间，同样也是为社会培养一个具有创业理念、创业想法，同时也具有一定能力的人才，使学生多一个思考问题的角度与方式。让学生独立思考"如何做"，应从实验项目选题、实验目标、实验内容到最终的实验报告都充分体现学生的思考方式与思考逻辑，使学生做到独立思考、认真完成工作任务，提高学生对工作任务的重视度，而不仅依靠实验教师的监督、引导和帮助，教师要在深入了解学生的兴趣爱好、特长习惯之后，从学生的实际出发，发挥每个学生的自身特点，选择适合自身的项目，鼓励学生大胆思考，从而锻炼学生的发散性思维，增强逻辑性。所以，我们要改变之前的灌输式教育模式，多选择一些实例、案例，生动形象地为学生寻找问题、分析原因，寻找解决措施，也可以让学生参与其中，多开展一些锻炼学生各种能力的社团以及竞赛活动。重庆工商大学经济管理专业的实验教学中心就专门为该专业的学生设立了博弈实验室，通过小组分配，相互对抗的方式，对学生进行相关的教学，培养学生的合作意识、竞争能力、抗压能力等等，同时放弃了以报告展示学习成果的方式，选择通过对活动内容的分析剖析以及小组对抗结果对学生进行评分考核，真正做到从学生自身出发分析学生的能力与特点。

第三章　经济管理教学与科研互动机制策略研究

受国际知识经济竞争的加剧等因素的影响，我国高等教育在教学与科研的关系、地位问题上一直存在着很多争议。本章以教学与科研互动机制理论为切入点，主要探讨经济管理教学与科研互动存在的问题、原因以及经济管理教学与科研互动机制实施策略相关内容。

第一节　教学与科研互动机制理论综述

大学是开展高等教育的主要场所，人才培养和科学研究是大学的两项重要职能。各个国家的大学在处理教学与科研关系的问题上虽然有所不同，但都非常重视处理教学与科研的关系，并寻找适合自己大学的教学与科研的合理定位。

教学、科研是高校的两大主要职能。高等学校应当以教学和培养人才为中心做好本职工作。本科教育的目标应当是学生比较系统地掌握本学科、专业必须的基础理论、基本知识，掌握本专业必要的基本技能、方法和相关知识，具有从事本专业实际工作和研究的初步能力。

教师要想搞好教学工作，必须从事相关的科学研究，通过科学研究以使知识系统化，以保证所传授知识的新颖性、科学性，了解和掌握学科发展的最新动向和趋势。一个不从事科研的高校教师不能算得上优秀的教师；一个没有科研或学术氛围的学校是不能培养出具有创新思维和科学精神的人才，也就不能实现培养合格人才的目的。

一、教学与科研的内涵

（一）教学的内涵

教学是教师的教和学生的学所组成的一种人才培养活动。通过这种活动，

教师有目的、有计划、有组织地引导学生积极自觉地学习和加速掌握文化科学基础知识和基本技能，促进学生多方面素质全面提高，使他们成为社会所需要的人。教学是一种传授知识和技能的活动，包括知识的传播、运用和创新。

现代意义上的大学最早产生于中世纪后期的欧洲，当时的教学被认为只是传播知识和技能，没有科研，而教师的任务也是把已有知识教授给学生。教学的目的是为了组织学生们的思维，形成一套完整、系统的思维框架，锻炼学生的思维能力，这意味着教学不仅仅是记忆和应用，更重要的是学会系统思考。从这个意义上讲，教学也是一种创造性的过程，是与具体的教学活动有关。本书中的教学，指的是教师传授学生知识的过程，是教师促进学生创造性学习的内容、方法、平台以及手段。它是指广义上的教学。

（二）科研的内涵

科研即科学研究，是指为了增进知识包括关于人类文化和社会的知识以及利用这些知识去发明新的技术而进行的系统的创造性工作。科研有两种形式：一是科研应该以外部产品为导向，以解决和处理实际生活中的问题为目标，为了能够得出更多的科研成果；二是科研也应以内部过程为导向，为丰富人们科学知识。

目前，教学、科研互动的思想已被广泛接受。很多学者认为，高校特别是重点高校、综合性大学必须走教学与科研互动之路才能持续发展。

国内学术界对教学与科研关系的研究成果很多，主要从定性方面对两者的关系进行研究的。其中，大多数作者认为教学与科研应该相互统一，协调发展，教学与科研的统一应是大学的理想追求。只是不同作者探讨教学与科研协调发展的途径、视角不同而已。

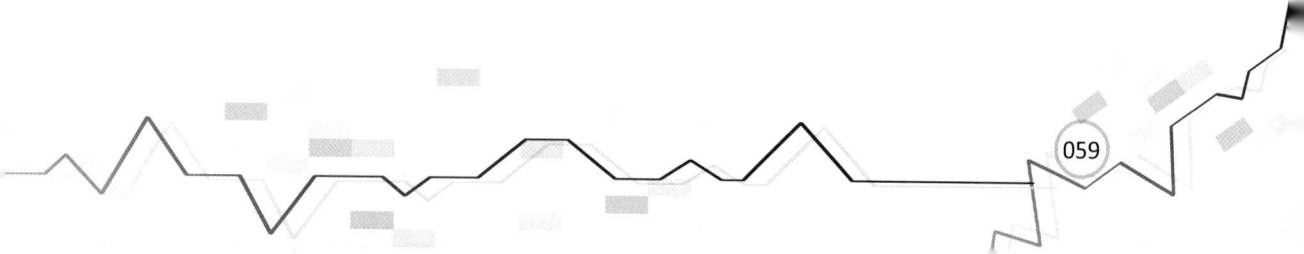

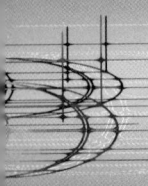

二、高校教学与科研关系演变的机理

（一）教学与科研关系的历史演变

教学是大学最古老的职能。自大学产生之日起教学活动就已经存在了，纵观整个高校的发展过程，教学与科研成为大学的两项基本职能并结合在一起大致经历了四个阶段：从古希腊时期到欧洲中世纪的高等教育，中世纪至文艺复兴间的高等教育，洪堡时期的高等教育，二战之后的现代高等教育。

1. 古代大学教学与科研的关系

从高等教育的历史演变来看，科学研究的独立地位在没有被确立之前，科研与教学的关系是统一且协调发展的。从某个角度来讲，正是因为科研在高等教育中的功能与地位逐渐被重视且不断提高，才造成了科研与教学之间关系的矛盾。

在早期高等教育中教学与科研的关系，如毕达哥拉斯创立的社团、柏拉图创立的阿卡德米学园、托勒密创立的谬斯学院等，大师们在自己创办的学校中传授知识，讲授过程中随时与学生探讨研究。这时的大学既是教学的场所，又是进行科学研究的场地，教学与科研在这一时期是浑然一体、难以区分的。特别是在柏拉图学园的教学中，柏拉图采用苏格拉底的"产婆式"理念，引导学生通过分析、推理和综合的方法，自己去发现和解决问题。教学由此在研究的基础上进行，研究是与教学紧紧融合在一起的。柏拉图的很多学术理论都是他与学生们共同研究、创造和完善的，可以说教学的过程就是科研进行的过程。而在我国古代，春秋时期创办的私学，战国时期的稷下学宫，既是当时为上层社会培养官员的场所，又是学者们著书立说、百家争鸣的地方。可以说绵延至今、闻名于世的儒家学说，就是在教学与科研相融合的体制中一步步产生发展的。

所以说，早在古代的大学中，知识的传授与学问的探究是结合在一起的，

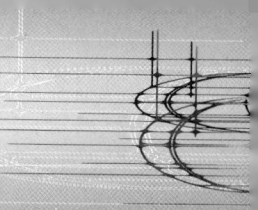

也就是说当时的教学与科研是浑然一体，难分彼此，协调发展着的。只是当时的科学研究的含义是广义的，只要是运用理性思维所进行的创造性活动都可以称为科学研究。也可以说，正是因为此时的科研并不是独立于教学而存在的，所以两者之间才能紧密结合，协调发展。

2. 中世纪至文艺复兴期间大学教学与科研的关系

现代意义上的大学一般认为产生于欧洲的中世纪，由于这个时期存在着农奴制以及古老的教会，导致科学文化的发展滞后，人们将这一时期称为"黑暗时代"。但是在整个人类历史发展的过程中，中世纪仍具有历史的进步意义，这一时代的大学发展更是对后来的社会产生了深刻的影响。

在欧洲中世纪的大学创办之前，高等教育已经存在了很长时间，但从严格意义上讲，他们都不是大学。真正的大学是指在12世纪末西欧出现的一种有自己独特特征的高等教育机构，它有系和学院，有固定的教学任务，既定的课程，实施严格的考试，雇佣稳定的教师，毕业时颁发正式的证书。虽然制度上日趋完善，但由于这时候的社会发展缓慢，大学的主要任务不是探索新的知识，而是学习和积累原有的知识，教授主要以讲授、辩论和练习为主，教师通过注释和评论来实现教学和研究的过程。这一时期由于经院哲学的发展，科研陷入了僵化，明显地被压制了，只能在大学以外的地方寻求发展，由此，长久以来教学与科研相互依附、相辅相成的关系被打破了。

随着文艺复兴和宗教改革对人们思想的解放，人文主义思想逐渐被人们所接受和熟悉，理性逐步取代了神性。而工业革命的到来，自然科学和社会科学都得到了巨大的发展，科学迅速分化，人类的知识量由此不断扩大，教师不再能以"百科全书式"的方式教授知识，高等教育面临着重大的改革，于是出现了教学与科研的分工，教学形式和教学内容也随之发生了一系列的变化。具有代表性的比如法国，取缔旧的传统大学，发展、改组、创建了新

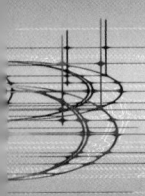

的以培养专门技术人才为目标的高等专科学校和高等教育机构,并成立了侧重于学术研究的专门机构。德国哈勒大学揭开了德国的大学改革运动,遵循学术自由并采纳了现代哲学和科学,成为进行创造性科学研究的最早基地,并逐渐发展成为欧洲大陆最严格的研究机构和专业学习的高等教育机构。这里出现了习明纳这种学生在教授的指导下以研讨小组的方式就专题展开探讨,以培养学生的分析、研究能力的教学方式,为之后德国大学教学与科研的结合奠定了坚实的基础。

总体而言,从中世纪到18世纪,尽管大学继续存在,但在很多地区,大学在科学研究的推动上并不起多大作用,科研不是高等学校体系的正式组成部分,并且具有创新的教授很少。处在创建初期的大学,仍是以教学为重心,科研主要是学者的个人行为,直到18世纪末,人们探索新知识的领域和组织,才开始在大学校园出现,但科研仍未真正成为大学的主要职能。

3. 洪堡时期高校教学与科研的关系

19世纪是科学研究全面进入大学的时期。在这一阶段,科学研究开始作为独立于教学之外的一种重要活动存在,并且在大学的主要功能中占据了重要地位。洪堡按照哲学家费希特提出的"学术自由"和"教学与科研相结合"的理念创办了柏林大学。柏林大学的精神主旨是尊重自由的学术研究,而这一时期大学的新理想就是洪堡为科学而生活的理念。洪堡认为在大学中科学研究始终是首要的,大学的主要任务是追求真理。科学的发展以及科学人才的培养,都是以科学研究的进行为基础的。所以大学的教学也必须与科研结合起来,教师只有在自己创造性的活动中取得了研究成果,才能作为经过检验的知识传授给学生,这种教学方式才是真正大学意义的教学。所以,柏林大学把科学研究正式作为教授的一项主要职责,提倡注重高深的科学研究,既给予教师充分的教学科研自由,也允许学生享有充分的学习自由。洪堡的这种办学理念,适应

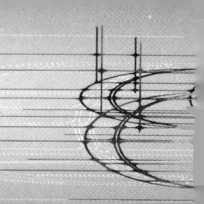

第三章 经济管理教学与科研互动机制策略研究

了当时社会发展的需要，迅速在英法及以后的全世界推广开来。

在当时西方社会所有的大学中，德国的大学可能是最有意义的，他们率先提出结合教学与研究的职能，以建立现代大学的模式，所以说它们是现代学术和科学的源泉。在19世纪的开端，德国的大学制度是最使人赞誉的，在它们的教授中，包括很多当时伟大的发现者、科学家和理论家；它对学生进行全面而关键的训练；它的习明纳和适应研究的教学方法；它的学术自由、严谨的精神以及丰富多彩的民间传说；甚至其令人印象深刻的建筑，如图书馆和实验室，也都成为世界上详细研究和遵循的凌然敬仰的对象。

德国的大学模式很快在欧洲大陆上被借鉴和移植，但由于其他各国都有自己很强的教育传统，它们在吸收这种洪堡模式的大学时都植入了自己的特色，以英国和法国为例。英国的高等教育重视教学，强调人文教育，在思想和实践上，这和科学研究相对立的。英国的反对者认为，强化专门知识的科学研究是对知识整体性的破坏，指出大学就是传授普遍知识的场所。并且他们认为，大学是以传播和推广知识而非增扩知识为目的的，所以大学关注的对象应该是学生，而有许多其他机构比大学更适合作为促进科学探索、扩增知识领域的场所，比如说皇家学会等科学团体。后来，牛津大学和剑桥大学的改革以及城市学院的兴起，为大学教育的发展确立了双重功能的方向。

在法国，由于受国家主义和功利主义的影响，由国家主办和管理的各类专科学校与国家利益密切相关，主要体现实用功能，注重严格和可靠的教学，而严重缺乏科学精神。这导致法国丧失了在欧洲科学方面的领先地位。直到拿破仑三世的教育部长律迪伊于19世纪的中后期创办了一所高级研究和实验学校，作为数学、自然科学和社会科学的研究及教学中心，引进习明纳方法，鼓励进行科学研究。之后，法国才开始了对大学的改革，成立了以巴黎大学为首的新型大学，确立了科学研究在大学应有的地位。

就在欧洲大陆为教学与科研的问题争论不休的时候，美国绝对接受了教学与科研相统一的理念，并有了巨大的发展。19世纪是美国社会发展的关键时期，也是美国高等教育发战的关键时期。美国本来是一个重视教学的国家，19世纪初期，从事科学研究的全日制教师在美国高校的人数很少，但是从19世纪中期开始，社会的快速发展使得对高等教育的要求十分迫切，在法国教育思想的影响下，改办私立大学为公立大学的道路失败以后，德国现代大学的模式影响了美国新型大学的诞生。

以"洪堡原则"为基础的德国现代大学观，强调教学自由、学习自由以及教学与科研并重的理念，给了当时美国社会对高等教育的认识论和政治论之争一个猛烈的冲击，伯顿克拉克对当时德国大学理念的成功概括为：德国大学中教学、科研和学习在操作上的统一，是学者们设法把科研和批判的学识带进大学，与教学和训练融合起来，在操作的层次上制定出来的。由此，美国第一所研究型大学——约翰·霍普金斯大学成功创办，首创研究生教育，学校各项政策的实施都围绕研究生教育展开，且真正贯彻"学术自由"的高等教育理念，使研究生的学习具有高度的自主性，着重培养其独立发现问题的能力及科学研究的能力。这种模式使在欧洲大学面临的教学与研究的矛盾在大学不同层次的教育中得到了缓解，对美国后来研究生教育的发展发挥了决定性的作用。而后威斯康星大学的"威斯康星观念"更是使美国从欧洲大陆的办学模式彻底摆脱了象牙塔的束缚，从此直接面对美国现实，它倡导的大学须参与州的各项事务，大学与州政府密切合作，学术自由以及学习自由，通过教学与科研加强了与社会之间的联系，使服务社会成为继教学、科研之后高等教育的第三大职能，将高等教育正式纳入社会的中心。

4. 二战之后的现代高等教育中教学与科研的关系

第二次世界大战使得科研在大学内部的地位上升到一个高点，这主要因为

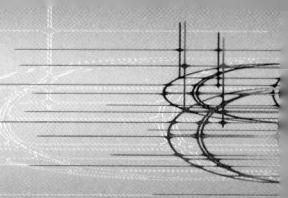

美国大学在战争中给予政府的巨大帮助，改变了人们长久以来的观念。而因为受战争重创的社会经济迫切需要重整发展，社会对科学技术的要求空前强烈，科研的重要性尤其是它对国家经济发展的推动作用人们有了更深的认识，从此大学通过科研与政府的合作越来越多。美国的研究生教育像当年的德国大学一样成了高等教育的新模式。随着国家力量的介入，美国的政府支持科研，种种社会政治需求使得高等教育规模不断扩大，从而引发了教学与科研关系的复杂变化。其中以美国的斯坦福大学和"硅谷"为代表的产学研模式最为突出，坚持以大学在教学与科研中追求一流为使命，始终把教学与科研的结合看作主要任务，并寻求大学的生产性功能。这种思想影响到各个国家，英国的剑桥高科技走廊、中国的中关村、日本的筑波大学城等都取得了一定的成绩，全新的教学与科研关系出现在大学里。同时，由于各个层次和类型的高等教育在这一时期的快速发展，教学与科研在不同的层次上也产生了不少新的理论。由于来自社会的重视，在很多的大学中，教学不再是教师的首要任务，科研的发展更能为教师带来地位、荣誉和报酬。"在研究型大学里，人们普遍认为，如果没有文章发表或者没有书出版就很难被学校聘用。

总的来说，高等教育的快速调整与发展，使得这个阶段的教学与科研的关系既对立又统一，从社会生产的需求角度，要求教学与科研以及社会的关系紧密结合，但是从大学内部而言，由于科研的功利价值显现，导致了教学与科研的矛盾进一步显现。

（二）教学与科研冲突的原因分析

1. 从历史角度看教学与科研的冲突

（1）作为同时研究一切学科的古代。古代的大学既是进行教学的场所，也是开展科学研究的场地，教学在研究的基础上进行，研究的成果依靠教学得到传播。由于当时的社会发展所限，通信不便，学者们的研究成果只能靠讲学

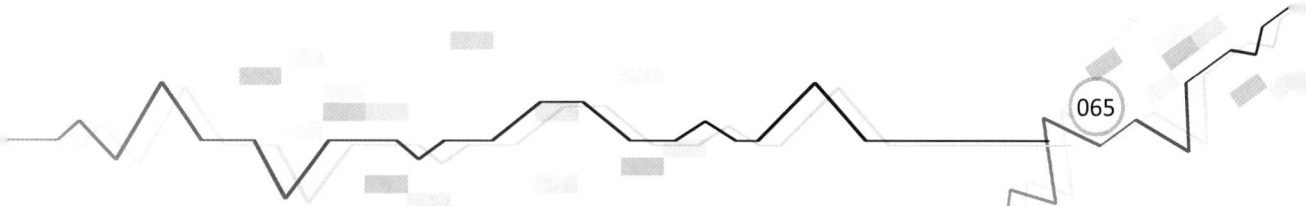

得到传播和保存，而生产力的发展水平还不足以形成教学与科研分立的系统，这个阶段的教学与科研几乎没有分界，所以没有矛盾。

（2）在大学创建的初期。经过漫长的中世纪，自然科学被神学禁锢，整个社会的科学研究都处在停滞的状态，直到文艺复兴、工业革命，职能单一的大学终于有了改变，科学研究重新出现在大学中，但多数限于学者的个人行为。经院哲学固有的保守与僵化，使科学研究在相当长的时间里仍然没有得到大学内的应有地位，而长期徘徊在大学外，由于失去了共同的生长环境，使得科研与教学最初的默契关系逐渐消失。

（3）德国大学模式的发展高峰。洪堡"教学与科研相统一"的原则，在一段时间里引领世界大学模式，使科研从附属变成与教学地位相当的大学职能。虽然洪堡的本意是为了使研究成为教学的一种手段，是一种纯粹的基础研究，但是后来大学科研的发展随着各国不同的国情有了不同的发展模式。以英国为首的部分国家在大学之外形成了完备的国家科研体系，随着国家力量的介入，大学学术自由的传统受到影响，由此造成了教学与科研之间逐渐产生矛盾。

（4）美国大学模式的发展高峰。伴随着美国通过效仿改造德国模式创建了新的研究生教育，进一步使教学与科研在新的更广阔的环境中重新得到了统一，暂时解决了教学与科研之间的尖锐矛盾，然而由于二战中科研起到的巨大作用，政府乃至社会对于科学研究有了新的认识，大学科研受到越来越多的重视，与教学的比重也因此发生了变化。由于科研带来的功利效用，使得教学与科研的关系平衡进一步被打破。

2. 从社会、政府的角度看教学与科研的冲突

从教学与科研的矛盾发展可以看出，两者之争的原因并不在其本身，从古代的大学、早期的德国大学模式、美国最初的研究生教育都可以看出，两者是

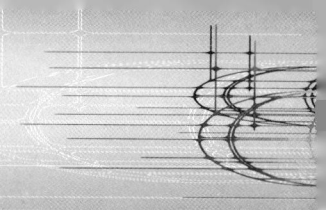

可以协调发展的。教学与科研产生矛盾的根本原因就在于大学与社会的冲突，即大学理想与社会需求之间的冲突，尤其是当科研走出大学，与社会生产相结合时，科研的功利效用体现出来，矛盾便产生了，当产学研模式密切结合时，矛盾就更加尖锐了。

其中，导致教学与科研分化的最主要原因，是政府和现代工业发展的利益驱动导致的。政府一方面急于解决在经济、技术和社会中所产生的各种问题，就会寻求经过整合的科研中心以操纵和资助科研。另一方面，为了节省投入和资源，政府也主张把科研尽量集中在少数高校。而工业界关心的重点只是科研的成果，而不是学校的育人使命。这说明，社会对大学的需求变化影响着大学内部教学与科研的关系，教学与科研的矛盾反映出了社会需求与大学理想之间的冲突。特别是当社会服务成为大学的一项基本功能以来，就意味着大学的科研不再是纯粹的基础研究，也不再是单纯为教学服务的，它的出发点也不再只是知识的创新，而更多地增加了社会所赋予的应用和效益，它的发展轨迹也不再是知识的延续，而是加入了更多政府的干涉和引导，这种发展与大学中至高的学术自由产生了矛盾。由于大学理想与社会需求的冲突所产生的矛盾，实际却表现在了教学与科研的关系冲突上。

（三）教学与科研相结合的模式

1. 斯坦福大学——产学研一体化模式

美国的斯坦福大学从 20 世纪初一所乡村大学到 20 世纪末一跃为美国的一流大学，用了不到一百年的时间，这主要归功于斯坦福大学确立的"科研兴校"的发展规划，以及创建了世界上第一个研究园区"硅谷"。

斯坦福先生在创办斯坦福大学的时候提出的培养目标是，造就有文化教养的、有实用价值的公民，这些人在校期间必须为今后各自选择的职业做好准备。斯坦福的"实用教育"观从建校开始就影响着斯坦福大学的成长。而 20 世纪

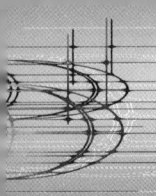

中期产学研一体化发展策略的确立,使斯坦福大学设立科技园,进而创造"硅谷",极大地促进了美国信息时代经济的发展,也把自己带入了世界一流的行列。

斯坦福大学最初就是以洪堡的德国大学为模式创建的,坚持以大学在教学科研中追求一流为使命,注重学术研究,强调在教学与科研中注重基础性研究,致力于知识和技术的创新,并始终把教学与科研的结合看作大学的主要任务。在此之外,将资源集中在关键的研究领域,建立研究中心,成立技术授权中心,设立创业中心。在发展学校内部实力的同时,发展与政府的合作关系,加强与企业的合作关系,寻求大学的生产性功能,并把这一想法渗透进"硅谷"的建设中,认为管理不是行政的,而应该是学术性和生产性的,因而在"硅谷"的形成和发展中,与其保持这一种非常紧密的关系,及时把自己的研究成果转移到硅谷中,并不断地向其提供创新型人才,但是始终没有直接参与,而是保持着两者之间的良性互动。

"硅谷"及斯坦福大学科技园的建立是产学研一体化的完美结合。"硅谷"及科技园的成功促进了社会经济的繁荣,又促进了斯坦福大学自身的发展,奠定了其坚实的物质基础,为后期的发展做好了经济和人力的保障。这种产学研模式的产生,是现代大学在面向社会,融入社会的一种拓展方式,也是大学教育发展的生存基础。产学研的结合,促进了学术理论与科学实践的结合,促进了教学与科研的结合,也为师生开展教学与科研活动提供了更深、更广阔的空间。其次,产学研的结合也有利于大学利用自身条件改善办学条件,提高大学面向社会自主办学的竞争力和影响力。再次,产学研的结合促进了大学科研成果的迅速转化,缩短了理论变为实践的过程,有效地实现了大学为社会服务的任务。

2. 伯顿克拉克——"教学—科研—学习"的连结体模式

正是由于高等教育的大众化和普及化使得高校的数量猛增,教师和学生的

规模都大量增长，教学与科研的关系在这种压力下越来越紧张，发生了巨大的变化：教学成为学校的主要任务，而科研逐渐被分离了。这种分离对科研、教学和学习的一致性有着重要影响，表现为三种主要的形式：一是高校不同类型之间的分化，二是大学和学院内部各专业层次的分化，三是大学学习本身最高层次内部的分化。这种分化也被称为"教学漂移"。

随着科学的不断分化和专业化，知识体系变得越来越复杂，学校已经逐渐不能充分地为科学研究活动提供资金、设备和人员，因而一些重大的科研项目被设立在独立于大学之外的科研场所，科研活动从学校中被分离出去，形成了所谓的"科研漂移"。

一个完整的大学系统里，有充分的理由可以肯定总是存在一些由教学、科研和学习组成的综合体。因为在过去的一个多世纪，大学已经成为一个探究的场所，而研究本身就是一种十分有效的教学形式，由研究所产生的新知识被学生学习接收而产生的知识传递是一种很重要的形式。科研既是一种学习模式也可以是一种教学形式。虽然有明显的分化力量存在于教学与科研之间，但也总有一种整合的力量将两者结合起来，不过这种一体化是需要有一定条件的。

教学与科研整合起来需要三个条件：首先是国家高等教育系统要有一个条件用来安排可能的广泛的框架，在这个框架里大学分成研究型和非研究型，支持在少数优秀的研究型大学里进行集中的科研和教育。其次，在大学内部发展高层次的研究生教育，在大学的框架中把教学与科研有机地结合起来。三是在大学本科教育基础上，鼓励高年级的学生参加科学的研究团队，在科学研究的氛围中锻炼发展，最终使基层组织的教学群体和科研群体在结构上彼此融合，完成教学与科研之间的顺利过渡，使教学研究型学习成为一个连接体。所以在实质上科研和教学是有兼容性的，可以以科研为工具完成教学、科研和学习的

整合。

3. 解决教学科研失衡的大学课程 BUYOUT 制度

BUYOUT 原为企业管理的术语,指一种买断的企业行为,即一家企业通过买断另一家企业的全部或大部分股权,从而达到控制这家企业并进而利用这种控制促使企业价值提升的一种投资行为。由美国的研究型大学将这种企业管理的模式引入高等教育领域,如果教授因为其承担的科研任务与教学任务发生了冲突,不能按时完成规定的教学任务时,就委托其他有能力的教师来帮助完成,这一课程的委托是以报酬记劳的方式实现转移的,从而使自身可以获得时间来专注于科研,而不会耽误或者影响教学的正常进行。

为了解决教学与科研之间的冲突,而又不耽误两者的进行,这项制度作为一种适当的补充方法出现在美国的研究型大学中。尽管尚没有具体的政策来规范,这种制度已经得到学校和老师的双重认可而得以通行,学生们自然也认为可行。由于在研究型大学内部,教学与科研的统一比之一般表现更是一种理想的状态,而对于少数科研能力较强的教师,教学与科研的共同完成需要有相应的激励和约束,所以 BUYOUT 制度的产生是有一定的要求的。

外部环境中,学校应对教师的教学任务和科研任务都有相应的规定,以教学与科研取得的成绩等具体的指标影响着教师的去留、晋升以及工资待遇,同时强制性地要求教师必须同时承担教学与科研任务。这就要求教师尽力调整自己的时间和精力投入以达到个人效益的最大化来保持教学与科研的平衡。但是,由于教学与科研的不同获利,这种平衡的保持是比较困难的。

在内部制度中,BUYOUT 制度是为了解决这种失衡状态而出现的,是一种教师的自发行为。但是这种制度,要求教师有高度的自主性,要求教师在任何学术活动中都能保持对自身的理性判断和对真理的追求,而学校对此制度的认可是处于对教师自主性的尊重;其次,要求教师有对知识的高度忠诚,

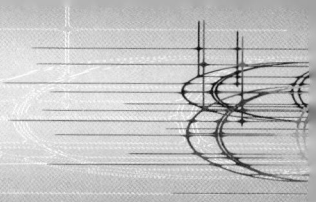

表现为对课程的过程和结果负责，对学生负责，所以在用 BUYOUT 来解决冲突的时候，教师应该是处于因为不满意于自己由于投入精力不够而影响教学效果的角度，才会聘用一位有能力的教师来替自己完成课程任务，而接受聘用的教师要对课程和学生负责，用对知识的忠诚保证教学的质量。这种制度的存在，基于大学学术组织中教师之间建立的信任基础，以及学校对教师个人的学术信任，所以这种 BUYOUT 制度就有了相应的道德基础和伦理保障，以保证制度的存在不会带来教学质量的下降和学术研究的浮躁。而同时，一套完善的评价体系是制度可以保持下来的保障。学生对教育和课程的满意程度，以及教育结果的反映是对教学质量的保障机制，当 BUYOUT 制度实施的同时，教学质量没有因此受到影响，科研质量也有所提升时，证明这种制度可以作为一种救济方式而存在。

4. 教学与科研整合的美国"GK—12"项目

由美国国家科学基金会推动实施的"GK（Graduate Kindergarten）—12 项目"，是一种研究生教育的新模式，由康奈尔大学的教学与科研人员创造，使用于特定的学科领域相关的课程资源，通过改进和评估以学生为中心的教学方式，使学生投入教学学术的活动中，逐渐积累教学与科研整合的经验。即要求各个高校将教育中的拓展服务植入研究生的培养中，让那些立志于成为教学人员的研究生深入思考关于教学方面的种种问题。

在美国，大学的拓展服务是指知识单一的从大学流向基础教育的师生，但是在"GK-12 项目"中，老师不再只是拓展服务的接受者，而是真正的合作者，参与进来的老师和学生共同设计学年教学计划，或者设计、修正课堂活动及个人成长计划。研究生们与合作的教师一起通过开放式的试验研究、为满足课程需要重新设计实验活动、开展关于科学本质的课程以及让中学生直接参与到研究生的科研活动中等多种途径来参与到高中生的教学活动计划

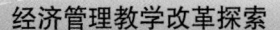

和课程资源整合中。

"GK-12项目"对于研究生的科研能力的发展具有积极的影响,不但锻炼了研究生的逻辑思维能力、理解能力、组织能力以及写作能力,并且充实了他们在教学方面的技能,不仅提高了研究生的教学能力,还帮助他们迈向科学研究成功的道路。同时提升了研究生对于拓展服务的兴趣和技巧,通过拓展服务将复杂的科学课题展示给普通民众,这种普及科学知识的能力得到了提高,并且进一步强化了研究生平衡各项事物的综合能力。显然这种教学实践模式比起典型的学院助教模式更有价值。

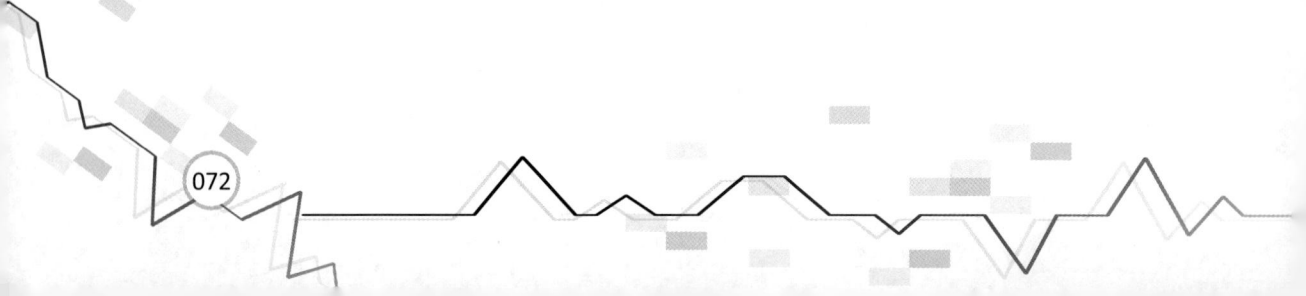

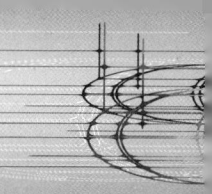

第二节 经济管理教学与科研互动存在的问题及原因

一、经济管理专业教学与科研互动存在的问题

虽然理论上大多数高校领导和教师都认可教学科研互动的意义，但由于缺乏科学的互动机制和体制保障，实践中仍难免教学、科研两张皮。长此以往，不仅影响教学和科研的质量，还会影响教学人员和科研人员的积极性以及由于考核指标、收入差距等问题造成两部分人员的矛盾。

（一）"重科研、轻教学"问题严重

在我国，目前把教学、科研相结合的院校并不多。受经济、教育体制等多种因素的影响，我国在教学与科研上存在两个误区：一是重科研轻教学，二是重教学轻科研。尽管教学对高校有着重要的作用，但普遍存在着重视科研而轻视教学的现象。

目前，评价一所高校综合实力的一个重要标准就是科研成果，科研也自然受到了高校普遍重视。为了切实落实科研的建设，相当一部分高校提出了一系列的奖励措施，把科研成果与经济利益直接挂钩。

另外，还有一些高校把科研成果作为教师职称评定的一个必不可少的条件。这样，就造成两种情形：其一，一些教师潜心致力于自己热爱的学问，不注重教学能力的提高，甚至放弃教学。其二，一些高校教师受利益驱使，或者为了评定职称，或者为了完成科研任务，挤压教学必要劳动时间来进行所谓的"科研"，以致影响了正常的教学。

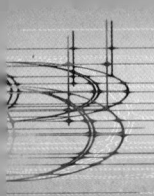

在大学里面，一定的科研是必不可少的，但是不能把科研和教学的关系绝对化。专门的科学研究是在科研所进行的，大学除了进行科研之外，还有一个很重要的职能就是"培养人才"。一定的教学不但不会影响科研，还会对科研有促进作用。教师把自己的科研成果带入教学中，可以激发学生的创造性，思维的活跃性，这样，不仅学生的积极性得到了调动，教师还可以从学生身上找到灵感，新的想法、新的研究课题也就应运而生。

此外，在教学过程中，教师指导学生参加科研活动，指导学生撰写论文，这些具体的教学过程都有利于教师从中发现课题，进而做更深入的研究。

（二）教师时间和精力的分配存在冲突

教学和科研的互动意味着高校教师必须担负两种性质不同的工作，这也是世界范围内绝大多数高校教师的工作现状，教学和科研的互动最直接的影响是来自教师的时间和精力上的分配。

第一，教师的时间是有限的，对科研上的过多投入必然影响到教学时间的安排。反之，对教学上的过多投入必然影响到科研时间的安排。一些高校加大教师的教学工作量，其计算方式是以教师所教课程的教学时数计算教学工作量。这一措施虽然多少能改变高校科研人员不给学生上课的局面，但更多的是很多人因教学任务繁重和安排问题，没有时间去搞科研。

第二，科研工作对于时间的要求通常是连续不间断的，过多地打断科研工作进程必然影响到科研成果的质量。而教学工作对于时间的要求则是有规律的、间断的，如果长期打破这种间隔规律，肯定会影响到最终的教学效果。

第三，特别是在科研工作面临一些重要关键时刻，教师在教学和科研上的时间和精力的冲突更是不可避免，精力和时间向科研倾斜，就要挤压平时用在教学上的时间和精力，甚至暂时放弃教学工作，造成教师突然调课、缺课，干扰了正常教学秩序。

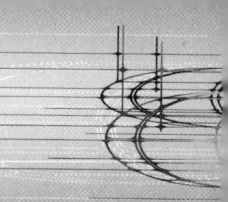

（三）教师自身利益获得有所冲突

教学和科研的互动使高校在经费和人员分配、教师升迁、职称评定和终身职位及荣誉的获得等方面容易失去平衡，最终会影响学校的凝聚力和全面发展。就教学与科研方面而言，其利益驱动主要牵涉到对两者的评价及其配套的有关政策。由于科研成果有较多的确定性、容易量化，而教学成果则具有相当的模糊性、不易量化。对科研工作及其成果，目前国内高校已经建立了一套相对完善并为人们广泛接受的评价及其配套的政策体系。如课题分为纵向课题和横向课题，横向科技项目指企事业单位、兄弟单位委托的各类科技开发、科技服务、科学研究等方面的项目，以及政府部门非常规申报渠道下达的项目。由于横向项目主要不是由政府部门或者受政府部门委托下达的，其来源很广，较容易获得，因此虽然其研究内容可能更贴近社会需要，研究经费也更多，但在科研评价体系中，横向项目的权重价值往往明显低于纵向项目。而纵向科技项目是指上级科技主管部门或机构批准立项的各类计划规划、基金项目，包括国家级项目。

高校对教学工作及其成果却未相应地形成一套为人们广泛接受的评价及其配套的政策体系。我国高校在教学工作上的评价主要采取的是以学生评价为主的标准。评价标准过于单一，而且有可能存在部分学生的不公平评价，像某些好教师可能对于学生的要求过高，导致学生对于教师的不满而引起恶意评价，导致教师的评价水平低使考核标准下调。同时，我国高校在决定教师升迁、职称评定和终身职位以及荣誉的获得等方面，虽然也要求教师的教学质量，但这种要求是弹性的，缺少具体衡量的指标，所以教学对个人发展的影响不大，最重要的还是教师科研成果的数量和论著发表的学术出版物的级别，从而普遍出现"重科研、轻教学"的局面。

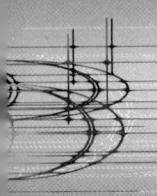

（四）现行教育体制使教学与科研互动难以实现

不同类型的高校对教学和科研有不同的认识。研究型高校大多重视科研的重要地位，教学型高校大多重视教学的地位和作用。即使同一类型的高校因所处的地理位置、办学历史、发展状况的不同，也有不同的认识，主要表现在教学与科研孰重孰轻的问题上，有的学校奉行"科研至上"，把研究课题、出版著作、发表论文等科研指标看作衡量教师学术水平和专业技术职务晋升的唯一标准。再加上教育管理部门考察一所高校的办学水平、办学层次、社会影响等方面的综合指标主要来自于该校的科研水平和科研能力，还有学校的更名与升格、硕士和博士授权点的评选、大学的排名顺序、重点学科建设等，科研数据也都是主要依据，这更加深了一部分人认为科研应是高校的主体和核心工作的认识。也有一些学校，特别是以本科教育为主的学校，过分强调本科教育中教学的中心地位，只要求教师上好课，把科研当作可有可无的事情。这样就造成了教学和科研的分离，使得教学和科研的互动成为难题。

（五）经管类课程特有的问题

经济管理专业是属于社会科学，它不能够在实验室进行试验，只能应用到具体社会实践中，而社会的经济现象却又十分复杂、瞬息万变。经济管理实践变化快，理论跟不上实践，教学与科研分离现象十分严重。

在教学方面，教学内容脱离了企业生产实际，或内容陈旧乏味，教学方式照本宣科，不了解科研的新动态。教学缺少实践环节，或是多数教师本身的实践能力就满足不了培养创新型人才的需要。造成这一现象的原因主要有一些高校不断加大教师的教学工作量，其教学工作量计算方式是以教师所教课程的教学时数。这一措施虽然多少能改变高校科研人员不给学生上课的局面，但更多的是很多人因教学任务繁重和安排问题，没有时间去搞科研。不少经管类专业课教学仍采用单一的课堂教学方式，学生只是被动地接受，考核方式单一。在

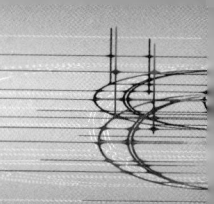

这种教学模式下，只要弄懂教材上的内容，凭着好口才就可以站住讲台。

在科研方面，经管类科研题材具有广泛性、研究方法多样性、研究结果不确定性的特点，这与理工类科研具有很明显的差别。经管类专业所涉及的知识面相对较广，内容可以涵盖社会经济的方方面面，对于科研的效果要达到高水平具有一定的难度。而理工类专业的研究具有知识深度，但面上不广，保证了科研具有良好的效果。经管类专业的研究方法采用的问卷调查和访谈等进行实证分析方法，所采集到的信息和数据应用一些经济类软件进行统计分析，在调查之前很难知道未来的结果如何。而理工类专业的研究通过实验操作得出自己想要的科研成果，其结果具有固定性和稳定性。

二、经济管理专业教学与科研互动存在问题的原因

（一）国家政策导向

一方面，社会与国家的宏观环境是影响高校教学与科研关系的重要因素。随着国家间综合国力竞争的不断加剧，科技在竞争中的地位不断提升，而作为人才高地、知识殿堂的高等学校在教学、科研方面为国家做出了突出的贡献，担当起了经济建设和社会发展"发动机"的角色。

另一方面，国家政策的导向是高校处理教学和科研关系的指南针。而学校规定的薪酬和支撑制度激化着教师为实现利益最大化对教学或科研其中一项有所偏重。国家纷纷出台相关政策措施，引领和鼓励高校加强科研工作。国家教育部门也相继推出"211工程"、"985高校"、"双一流高校"、重点学科、科研基地等建设举措，大笔的科研经费也随之往这些科研"重地"倾斜。而这些"重地"的形成，其评价指标主要就是科研成果的数量与质量。高校争取到任何一个研究项目，就意味着获得经费并得到良好的社会声誉，可以吸引优秀的生源，从而使学校形成良性循环。很多以科研为重要参照的大学排行榜也大

大助推了这股"科研评价"之风。

因此，这些措施把高等学校对科研工作的重视推至前所未有的高度，很多高校把加强科学研究作为重要的强校之路。我国大学教学与科研关系失衡与高等教育拨款制度、科研与教学人员薪酬及职称制度、大学教学评估制度、媒体和公众对大学的评价有关。建议在体制层面推行多元的经费筹措、评估和考核制度，在学校层面实行大学多元发展的理念，在教师层面鼓励教师多元发展。

（二）学校自身发展的考虑

高校自身的利益驱动影响着教学与科研关系，如高校获得高等教育经费的机制、为提高学术水平和竞争力的选择和为规避风险、降低办学成本等因素。自 20 世纪 90 年代开始，高等教育大众化潮流滚滚而来，在高校复兴与整合的时代大潮中，高校之间正在经历座次上的排序组合，竞争压力随之加大，各高校都在努力扩大自身的外延与增强内涵，都想获得其足以立身的资本并赢得较高的社会评价。

然而，很多高校对自身的功能定位的认识模糊，认为教学是软指标，而科研是要拿得出去的，是硬指标，从而做出了学校应该"重视科研""提升层次"的重大选择。一时间，科研成就被认为是高校综合实力的重要标志，科研成了高校工作的重中之重，成了教师工作的主要内容。目前，我国教育经费拨款是按照学校的学生数划拨的，只与学生的数量有关，与学生的培养质量无关。而科研经费的获得主要依靠学校的科研水平和科研实力。科研水平则是高校学术水平最直接的体现，对提高学校的学术水平具有重要的带动作用，故而众多高校把科研放在突出位置，从领导精力、配套政策等多方面给予支持。教学具有弹性和隐性的特征，不易考核和进行效果测度。而科研相对更容易量化和效果测度，且影响因素较少、管理成本低，使得高校在管理和投入上偏重于科研。由此，在某种程度上造成了高校教学与科研的失衡。

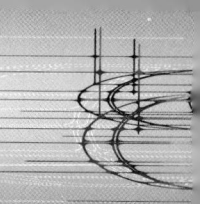

（三）教师追求利益的最大化

从教师自身来看，教师追求自身效益的最大化对高校教学与科研失衡起到了催化剂的作用。教师作为教育行为的最终执行者，其自然要受到国家及学校等各项政策的指导与限制。而国家与学校在职称评审、获得学位等方面对科研的强调，容易导致高校教师为了自身的生存与发展，在面临教学与科研双重压力的情况下，将有限的精力和时间主要放在攻读学位、发表文章、申请课题等方面。另一方面，在科研工作上，教师可以相对自主地选择研究方向和研究内容，更好地把工作与个人兴趣结合起来搞科研，更便于得到认可，获得良好的社会声誉，在职称评审和岗位聘任中，很多具体指标是关于发表论文、科研获奖等科研方面的，搞科研更容易评上高一级职称、晋升高一级岗位。由此，科研愈被强化，教学愈受冷落。

第三节　经济管理教学与科研互动机制实施策略

高校教学—科研互动包含两方面的内容：一是教师和学生的互动；二是教学与科研二者之间的互动。在构建教学—科研互动机制上要有能够运营支撑的基本条件，才能保证机制的有效运转。

从动机的角度分析，教师的职责是进行教学和科研工作，为社会培养高素质、具有综合实力的人才。而当今竞争激烈的社会要求人才必须具备创新能力，这就要求教师需全面培养学生具备创新力，从另一角度看就是要求教师自身先具备创新能力。而学生为了获得更好的就业机会和适应社会发展，希望能够获得高层次、高水平的能力培养。所以，高校教学科研互动，师生都有良好的动机。

学生作为教学—科研互动机制实施的客体，要具备进行学习和科研活动的愿望，希望在教学科研的基础上得到较好的能力培养，从而促进机制的有效运行、互动的协调发展。随着现代经济的发展，国际竞争已经转变为知识的竞争，而知识的竞争导致企业在录用招聘时需要高学历、高素质的人才，也导致了社会、学生、家长等越来越重视学生的教育程度。

因而，从学生的角度可以看出，教学与科研在教师时间和精力的挤占问题很严重，要找到能够有效协调教师职能和工作精力的方法，从而促进学生的全面培养需求。大部分的同学越来越重视教学与科研、实践的结合，反对照本宣科的老式教学方法，希望能够让自己通过学习，直接接触到外面的社会，培养自己独立的能力、实际动手的能力等。

第三章 经济管理教学与科研互动机制策略研究

一、教学与科研互动机制的实施基础

（一）教师的教学科研互动能力

从能力层面，高校教师大部分都具备硕士以上学历或副教授以上职称，长期的教学和科研工作经历，积累了丰富的教学经验和良好的科研能力。而对于大学生，通过不同阶段的学习，具备了一定的理论知识基础和基本技能，对于不同层次的实践问题，在教师的指导下是完全具备这种创新研究能力的。因此，高等院校开展教学科研互动教师和学生都具备了动机和基本能力。

（二）高校具备教学科研互动的硬件条件和平台基础

多年的教学和科研工作，为高校积累了大量的教学设备和科研设备，高校拥有不同方向的科研实验室以及图书馆。它们是学校科学研究的重要工具，是学校学术水平走在国内前沿乃至国际先进水平的基本手段，也是高校特有的学术条件。在硬件条件方面，图书馆馆藏资源丰富。在平台基础方面，经济管理学院具有全面的学科体系，为科研互动的展开，教学内容的实践都提供了良好的设施和条件。

（三）高校具有教学科研互动的多学科相互交叉支撑保障体系

教学科研的互动涉及的问题往往是复杂的，问题的解决往往不是单一学科理论知识能解决的，需要多学科的理论和方法共同协作才能完成。经管类人才在开展制度创新、管理创新、组织创新、服务创新过程中，在需要经管类学科支撑的同时往往需要理工科的某些理论知识，这就需要教师和学生都具备多学科的基本素养和解决问题的能力。

（四）高校具备教学科研互动的有效管理机制

教学和科研两者之间存在着内在的有机联系，同时也存在着矛盾。教师在采取教学科研互动策略时需要付出更多的成本，而且有可能出现收益不抵成本的可能，另外，要达到模式运行的均衡状态，还需要学生的共同参与配合。这就充分说明建立合理的科学保障制度是完全必须的。也只有在机制与制度的保障下，教学工作的中心地位、教学改革的核心地位、教学质量的首要地位和教学投入的优先地位才能得到保障，教学的阵地才能巩固和发展。

高校拥有全面教学管理、科研管理及奖励制度。在对教师的教学科研考核方面，主要侧重从德、能、勤、绩四个方面重点考核工作实绩。德主要考核政治、思想表现和职业道德表现。能主要考核业务技术水平、管理能力的运用发挥、业务技术提高、知识更新情况。勤主要考核工作态度、勤奋敬业精神和遵守劳动纪律情况。绩主要考核履行职责情况、完成工作任务的数量、质量、效率，取得成果的水平以及社会效益和经济效益。在对学生的奖学金分配方面，秉持着公平的原则，以激励学生的学习、科研兴趣，全面衡量学生的总体素质，对学生的学习情况和科研情况进行整体测评。奖学金评定原则采取动态管理的方法，每学年评定一次。对于一年级学生主要根据其在入学前所在单位或学校的综合表现、入学考试成绩、潜在的科研素质等进行评定。二、三年级学生主要根据前一学年的学习和科研工作情况、学习态度、科研素质、思想品德等整体情况及导师考核意见进行评定。对于不能获得奖学金的情况也有着详细的要求，包括学位课不及格、受到校纪通报及以上处分、在学术研究中有弄虚作假行为、无正当理由经常不参加集体活动。

二、经济管理专业教学—科研互动机制的构建

目前在高校教学上，很多学生认为在内容与方式上还存在过于单调，很难吸引学生的问题。产生这种问题的原因是，学生认为教师讲的内容照本宣科、枯燥乏味，不是自己感兴趣的方面。这体现了传统的教学方式可能对于现代社会的发展需求，已经跟不上脚步了。教学需要改革，要针对学生的偏好来进行

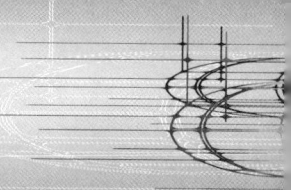

改革。学生越来越重视教学与科研、实践的结合，反对照本宣科的老式教学方法。所以在教学上，要结合科研工作。目前，经济管理学院并没有充分调动学生参加科研项目的积极性，无法对学生科研能力进行全面的提升。同时在教学任务量上的安排存在一定的不合理性，导致了学生在教学、科研上的选择不存在自主性，无法提升学生的能动性。

在教学—科研互动上，大多经济管理学院存在着"重科研、轻教学"的严重问题，有的学生认为学院更注重科研。同时，有的学生认为教学与科研结合的难点在于管理机制问题上，教师为评职称和自身利益只关注科研和经费，对学术不上心。可见，经济管理学院对教师的考评标准仍是以科研考核为主，易导致教师注重自身利益，在教学、科研的投入上存在不协调现象。综上所述，首先是"重科研、轻教学"现象仍在存在。二是教师并没有全身心投入科研，对教学的用心也较少，在培养学生上也没有注重学生的全面发展，缺乏与学生进行全面的互动。三是一些导师没有相关课题，所带的学生也没有过科研经验，在科研学术水平上也有所欠缺。四是教学内容陈旧，教学方式乏味枯燥，教学效果欠佳等等。这些问题的存在，很大程度上阻碍了高校的发展和整体水平的上升。所以，建立教学—科研互动机制刻不容缓，要通过机制的运行和实施，有效保证高校的教学科研的双向平衡发展。

（一）构建教学—科研互动机制的原则

构建教学科研互动机制，必须弄清楚构建这一机制的基本原则。因为原则是行动的指南和做事的基本规范，并隐含着相应的哲学思想和基本假设。

1. 以教师为主体、学生为客体的原则

"以人为本"的现代教学理念表明，无论是教学活动还是科研活动都离不开能够发挥积极性的人的活动。基于此，支撑大学发展的首要资源是人力资源。而在人力资源中，教师肩负着教学和科研的双重任务，他们有权利、有能力参

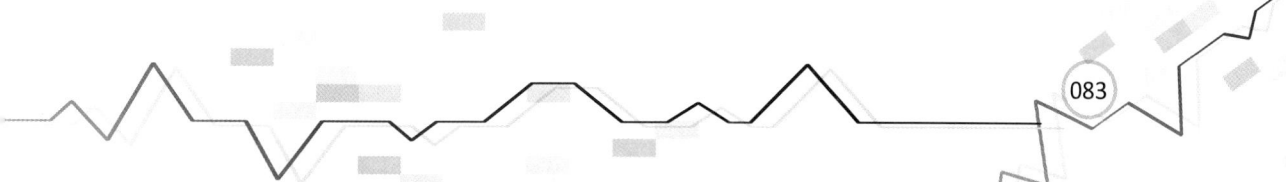

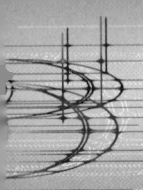

与学校的管理和决策。他们的积极性如何发挥、发挥多少，直接影响着大学的质量、高校的声誉和大学的生命。同时，学生作为学校最主要的一部分，作为教学和科研成果的直接接受者，检验互动机制的效果离不开学生。同时，学生又具有很强影响力，他们可以反过来影响互动机制的有效运行。所以以教师为主体，起主导作用，拉动教学—科研互动机制的运行；以学生为客体，作为互动机制的关键一环，带动教学—科研互动机制的持续循环运转。

2. 资源配置科学有效的原则

大学除以教师为主体、学生为客体的人力资源外，还有其他财力资源、物质资源、时间资源、空间资源、信息资源等，这些资源都是为人力资源服务的。要充分发挥人力资源的主体作用，就要依据系统性原理科学配置其他资源。从这一意义上讲，教学—科研互动机制的运行也是资源的有效配置过程。而资源的配置是否科学有效，不能仅靠高效的自我运作，还要靠维系其内在的机制——即教学—科研的互动。所以，教学—科研互动机制需要辅之以有效配置资源的激励机制，通过机制的规范作用，创建一种公平的人际氛围，进而激发教学与科研互动机制的积极运作与循环。

3. 适用性原则

确定了教学科研活动机制的主客体和资源配置的原则之外，还要明确互动机制在运行时要能够配合实际情况，能够应用到具体的学校中去执行，要关注实施对象的执行能力和适用性。教学—科研互动机制不仅是为了学生，同时也要为了教师，但从根本上讲，要努力推进学生水平的提高。互动机制要根据学校的人才培养目标，满足学生目前、长远的需求和规划，最终能够为学生在以后的实际工作中打下坚实的基础。同时，因为互动机制的实施主体是教师，所以一方面不能让教学—科研互动机制成为教师的负担，要让教师主动理解教学—科研互动的重要性，并能够灵活地开展运用。另一方面，机制要能够符合

学生的专业特性和需求，培养学生独立开展学习、动手的能力。因此，要根据学校本身的特色和背景，开设立不同的专业和课程，开展教学科研互动。

三、经济管理专业教学—科研互动机制构建的主要方式

教学—科研互动机制的构建要秉持着互动和共生的原则，要有效协调好教学、科研互动的关系和方法，并能够在机制运行后有效地测评互动机制的运行效果。

（一）以科研促教学，提高教学质量

教师的科研工作主要包括两个方面，一是教学科研，二是科学研究。教学科研是根据教师的教学内容、教材建设、教学方法、教师队伍和教学管理等方面，从讲授课程的角度，将教师的教学工作进行研究，包括教学方法、教学手段、教学互动、课程设计等问题的研究。教学科研的成果可以直接应用于教学，以提高教学水平和质量为目标。而科学研究则是根据不同学科领域、不同的研究对象和范围进行研究，对教学的促进作用因学科和研究方向的不同而不同。同时也会有部分教师进行实证的科学研究，能够对现实的生产和生活有一定的影响和作用。应该说，科研是发现知识、创造知识、应用知识，教学是理解知识和传授知识，两者的联系是在于对知识的创造、转换与应用，二者互不干扰，但又存在着一定的联系。

从经济管理专业的角度分析，教学实际是知识的再创造。因此，经济管理专业的科学研究水平对教学质量和水平的提高会起到关键性的作用。根据知识能否清晰表述和有效转移，可把知识分为显性知识和隐性知识。显性知识指能明确表达的知识，即可以通过语言、书籍、文字、数据库等编码方式传播的知识，人们容易学习。隐性知识是难以透过图形、实物、程序、实验等表达的知识，是我们知道但难以言述的知识。对比自然科学的知识和专业的特点，经济管理

的知识主要是隐性知识，在学习和传授的过程中需要更多实践和体验，需要以深入的科学研究做为支撑，教师才能将教材的内容和概念更好地诠释和传授。经管类课程知识的如下特点决定了教师对课程知识的科研对教学至关重要。

第一，个体性。丰富的经管课程知识更多地存在于教师个人的头脑中，其主要载体是个人，难以通过文字很好地清晰表达。这就是为什么很多管理类教材要么非常枯燥，学生难以产生学习兴趣；要么内容浩繁，上百万字的教材让学生无从阅读。内容浩繁的教材实际是力图表达隐性知识，将隐性知识转化为显性知识，但学科特点使该目标难以达到。这也是为什么面对同样的教学对象，使用同样的教学工具，甚至采用同样的教学方法，而不同教师的教学效果大相径庭的原因。

第二，情境性。经管课程知识常与特定的情景相联系，在特定情境中存在，对知识的理解和传播需要对特定任务和情境的整体把握。因此，经管类课程的教学，常需要再现情境，甚至需要角色扮演。这要求教师在教学中，对教学内容有深刻理解，对教授形式有很好设计，设计营造相关情境教学方法的科研，使学生能够在情境中学习和领悟。

第三，局部性和整体性的统一。经管类课程，尤其是管理类课程，许多课程知识只是研究事物局部的结果，如市场营销管理研究企业的市场营销工作，财务管理研究企业的资金运作等等，而研究对象企业实际是个不可分割的整体，只有把局部放到整体中研究，才能理解其全貌。因此，这类课程的教学过程中，需要教师大量研究与课程相关联的整体，没有研究支撑的课堂必是枯乏的。经管类课程知识局部性和整体性的统一还表现在，虽然其知识往往缺乏严格理性的逻辑结构，且是局部的知识，但它又是从局部认知整合的结果，是完整、统一的、独立的知识框架体系。局部是一个窗口，通过这个窗口可以把握事物的全部，因此，对局部的深入研究，也是把握经管类课程知识局部性和统一性结

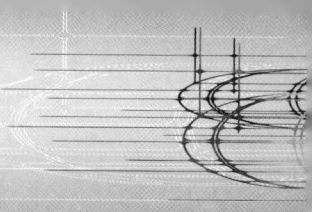

第三章 经济管理教学与科研互动机制策略研究

合的关键。

第四，应用性。经管类课程特点还在于学以致用。经管类课程教师的科研活动，以及带领学生从事科研活动，也是知识的应用和创造的过程，是学生实际操练能力的过程。如北京邮电大学的教师研究通信市场营销管理，带领学生深入企业调查研究，这既是对市场营销理论知识进行实践检验和应用的教学过程，也是通信企业市场营销管理知识的发现和创造过程。总体看，经管类课程教师的科研活动可促进教学内容的更新，教学手段的改进，创新应用性人才的培养，从而促进教师学术能力和教学水平的提高。

（二）以教学带科研，为科研提供基础和动力

经济管理专业的教学科研是相辅相成的关系，教学工作为科研工作提供理论基础和研究方法，同时科研成果反馈教学。

第一，教学工作有助于科研知识的系统化、学科体系的建设，促进经济管理专业知识从"隐性知识"向"显性知识"的转化。

"教材"是教学工作实施的载体，是根据教学需要而形成的成体系的学科知识。高质量的教材，要能对学科领域的知识进行系统梳理，能够集中学科知识中的经典、规范、特点等相关内容。虽然经济管理专业的课程知识具有"隐性知识"的特点，但是在进行教学时，要求将知识进行显性化处理，而一本高质量的教材则为此提供了良好的条件。因此，高质量的教材所表达出来的显性知识，是推动科学研究进一步发展的基础。

经济管理专业有着众多的高质量教材，如经济学领域，有三部公认的里程碑式教科书，第一部是1848年首版约翰·穆勒的《政治经济学原理》，该书多次重版，成为19世纪后半叶英语世界必读的经济学教科书；第二部是1890年首版阿尔弗雷德·马歇尔的《经济学原理》，该书一直被奉为西方经济学界的《圣经》；第三部是1948年首版保罗·萨缪尔森的《经济学》。这三部经

济学教科书不仅是经济学的"集大成",而且从宏观经济学到微观经济学,从生产到消费,从经济思想史到经济制度等方面的诸多创见,也是学科研究中的重要成果。再如1967年首版的菲利普·科特勒的《营销管理》,是世界范围内使用最广泛的营销学教科书,目前已出了13版,也是现代营销学奠基之作,它改变了主要以推销、广告和市场研究为主的营销概念,扩充了营销的内涵,将营销上升为科学。

第二,经济管理专业的特点能够进一步促动教学科研的融合互动。其实不难发现,优秀的教学活动也是一种科研活动。如果不能把握经管专业知识的特点,对其个性化的理解,教师没有将知识通过自身的素质进行把握、分析、设计、演绎,并没有进行知识上的应用,那么教学就是无趣的、乏味的。它既不会对学生起到吸引的作用,更不会让学生的能力有所提升。所以经管专业教学内容的提升,能够有效地带动科研的发展。第三,教学中发现问题,在科研中去应用,探索解决方法,才能推动科研领域的拓展。教学,是传道授业解惑的过程,教学过程中发现问题,为科研工作提供动力和方向。

(三)实现向教学研究型大学的转型

要实现向教学研究型大学的转型,教学科研人员就必须树立正确的科研观。

第一,科研要立足于教学,为教学服务。科研水平的提高,必然促进教学水平的提高,必然促进教学方式的转变。系统的教学工作也有利于拓展科研的知识面,可以在教学过程中发现需要研究的问题。

第二,科研要为学科建设服务,为学科建设提供有力的支撑。科学研究必须围绕着学校的学科建设上水平、办学上层次来开展工作。对处在发展初期的教学研究型大学的科研人员而言,不能完全凭自己的兴趣开展科研工作,要立足现实,在学校事业发展中有所贡献,有所作为。

第三,科研要为经济社会发展服务。要根据经济社会发展的需要确定自己

的研究方向、研究领域和研究题目。研究成果要符合经济社会发展的要求，要具有先进性、可行性和可操作性。

第四，科研要有相对稳定的研究方向。固然，经济社会发展中出现的新的热点问题需要我们予以关注和研究，但科研工作者既要与时俱进，又要有所坚守。要坚守自己专业基础和专业优势所在的领域，而不能一味追逐热点，否则既不可能有深入的学术研究，也不可能产生较大的学术影响力。

四、实现经济管理专业教学—科研互动的实践途径

（一）教师自身的教学科研互动

教师在教学科研工作中，通过教学传授和积累知识，并应用知识的方法论为科研工作提供研究方法，引发知识的创新，带动科研发展。同时教师参加科研项目，除了能够提高自身的科研工作能力，还能够掌握最新的动态，了解专业的发展方向，提升自身学术水平，并将科研成果和创新的知识融汇到教学过程中，将教学和实践相结合，使教学工作具有系统性、实际性、前沿性。同时教师又能够将最新的知识传授给学生，让学生所学的知识不脱离实际。在科研工作上，通过对理论的研究，提高了教师和学生的学术水平，深入企业的科研项目还能够实现理论与现实的结合和应用。因此，经济管理专业的教师要采用"两手抓"的方法，协调教学科研的关系，共同完成教学科研工作。这样，教学才能讲解透彻，深入浅出，融会贯通。教师通过教学，能够拥有专业性强的理论知识来支持科研，为科研提供支撑。科研工作才能进行知识创新，对现实的经济管理实践有深入的了解。

（二）教师与学生的教学科研互动

教与学是师生之间双边互动的过程。教师通过所掌握的专业知识和科研活动，对学生进行研究方法、研究习惯、研究能力的训练。同时，教师通过科研

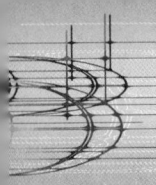

可以引领学生了解学术前沿、学科发展趋势，激发学生的求知欲望和创新精神。学生也可以通过参加科研活动，提高创新能力和实际操作能力，为今后工作打下坚实的基础。学生在教师的指导下进行试验或完成相关工作，可以与教师进行交流，向教师提出一些有益的建议，帮助教师完成教学科研工作。同时，教师在教学科研活动中表现出来的敬业精神、创新意识、进取心，以及独立探索的自觉性等人格魅力对学生成才的影响很大。在经济管理专业中，要实现教师和学生的教学科研互动，主要有以下三个方面：

（1）可以改变课堂的教学方式，提倡实践的研究型教学。教师将科研成果融入教学、课程中，带领学生在研究中学习，学生能够完全参与到课堂教学中，从而解决了教学内容枯燥、乏味，学生缺乏学习主动性等问题。

（2）可以吸纳学生进行科研活动，由教师指导，学生作为助手，帮助完成科研项目工作。

（3）加强各类实践教学环节，增加课程设计、项目训练等实践环节的比重，进一步活跃学生课外实践活动，也能够实现师生之间教学与科研的互动。教师指导学生参加大学生创新实验计划、创新创业大赛、营销大赛、电子商务大赛等不同规模不同类型的竞赛活动，以学生为主体进行科研活动。教师在参与讨论、指导过程中，实现学生科研和学习的结合。

（三）教师与教师的教学科研互动

各个教师的专业方向和研究领域各有分别，能够将每个人不同的优势集中在一起，对教学科研工作会有很大帮助。所以在教学科研互动上也要坚持教师与教师之间的联合与互动，让知识能够进行横向的流动。如一项科研项目的研究需要全方位、多角度的分析，需要科研思想的碰撞和讨论，教师与教师之间的团队合作能够带来全方位知识的融合，为项目组的成员了解其他学科的知识提供渠道，也有效增加了教师之间的良性互动，促进教师之间科研、教学相关

内容的沟通，推动了教学科研的发展。经管类课程教师之间教学科研互动还可以通过与国内外相关大学建立校际合作关系、举办学术会议、邀请和派出访问学者讲学和研究等方式实现。

五、经济管理专业教学与科研互动机制的实施措施

教学和科研互连互通，彼此影响。如何扩大高校教学和科研之间的正面推动，消除两者之间的负面影响，形成一种可持续的良性互动，促进高校有序发展，是研究高校教学与科研互动机制的关键。

（一）教学角度

1. 调整教学内容，培养学生科研兴趣

根据国家和社会需要来调整学科专业的设置和研究方向，调整教学目标和内容，改革课程体系，缩短学生的必修课学时数，扩大学生的选修自主权和选修课范围，适当选择发达国家教材，加强图书馆建设。这样有利于培养学生的科学研究兴趣，提供科学研究时间，使老师和学生更加贴近科学发展的前沿，为他们从事国际性的专业学术研究提供便利条件。

2. 改善课堂教学方式，促进教学与科研的良性互动

学生对教师授课的课堂反映和意见应该是最直接的，也应该是最具权威的，而以往课堂教学往往是由教师单方面的输出，学生被动接受，完全忽视了学生在课堂上的主动性，教师得不到或很少得到来自学生的课堂反映，他的科研思想得不到来自学生新鲜思维的挑战和刺激，于是教师的课堂内容就变得没有激情、缺乏来自科研一线的新思维、新方法。如果改变目前的课堂教学方式，让学生完全参与到课堂教学中来，与老师形成一个互动的系统，促使教学双方最直接地交流，学生在第一时间表达自己对某个问题的理解，从而使双方能够紧密地围绕着同一个问题在思索，寻求解决方案，在适当的争论中通过科研去

了解对方，同时提高自己。

3. 加强对学生毕业设计和科学研究的指导，培养学生科学研究能力

加强对学生毕业设计、论文和科学研究的指导，培养学生的科学研究能力。

毕业设计、论文是培养学生创新精神和实践能力的重要环节。现在许多高校本科生的毕业论文已经流于形式，缺少创新性的研究内容。必须加强对学生毕业设计论文的指导，教师可以吸收学生参加到自己的科研课题中来，或者通过引导的方式帮助学生做好选题工作，在关键的思路和方法上再给予适当的点拨，必然有助于学生做出创新性的科研工作和毕业设计、论文。实行本科生导师制，每一名导师负责若干名学生，指导学生的科研活动，以此来加强教师和学生间的互动。

（二）科研角度

改变高校现有组织结构，建设科学研究平台。我国高校现行主要组织结构不尽科学，系、教研室是为教学工作服务的，其任务主要是搞好本学科、专业的教学，教师的科研工作往往是"单兵作战"，不容易形成合力，即使是合作，也是小范围内的合作，有时又由于科研经费所限，每个单位都无力购买大型尖端科研设备，没有人能够把他们的资金集中起来使用，最后难以做出有影响力的科研成果。现代科学发展的重要特征之一就是各学科之间的交叉融合，一些重大的科学问题往往需要多个系、科的联合作战才能有所成就。所以应该调整高校目前的组织结构，使教学和科研机构尽量融合，并且在全校范围内组建科研平台，整合有限资源，达到科研、教学效益最大化。还可以通过与国内外相关大学建立校际合作关系、举办学术会议等办法，邀请短期或长期访问学者或专家来学校讲学和研究，将别处的新观念和风格带进高校，既有利于学术知识和信息交流，又便于学生和科教人员吸取外来营养、开辟思路和活跃思想。这种做法往往能诱发出创造性的智慧火花，在出成果和出人才上有事半功倍的效果。

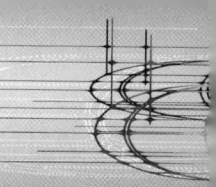

（三）考核角度

在教学和科研中，教师会根据自己的兴趣爱好和能力有所偏重，所以教师主要分为三类，一类是科研人员，这类教师适合于科研工作，具有较高的科研能力和水平，而不擅长于教学工作。二类是教学人员，这类教师善于将知识传授给学生，并能在课堂上带动学生学习，但是对于科研工作却很乏力。三是以上两类教师的融合，即教学—科研人员，他们在教学、科研工作上都能够有所专长。管理者要完善、平衡对不同类型教师的教学和科研评价体系，克服教师评价机制中"重科研轻教学"或者"重教学轻科研"的偏向，给予教学好的教师和科研好的教师同等待遇；通过鼓励、评价机制来引导教师的教学与科研行为，使两者达到平衡。高校根据自身的特点和定位，在评价体系中为教师岗位津贴、经费申请、荣誉获得方面予以体现。

360度绩效考核法认为，对教师的教学科研互动考核应该以定量考核和定性考核相结合的方式进行，以能力考核、过程考核、结果考核为阶段的分阶段考核模式。能力考核，是对教师的自身素质评价，高校的教师应当具备以下几方面基本的能力素质：具有较高的思想道德品质，为人师表、敬业爱生；应具备扎实的专业知识和广博的知识面；应具有敏捷的逻辑思维能力，有条理；应具有较强的创新性；应具有较强的语言、文字表达能力；应具有较强的心理承受能力。过程考核是对教师的教学和科研工作上的考核，如课堂教学效果、科研项目阶段完成情况等。它可以增强教师的工作计划性，提高工作的完成质量和效率，同时还可以起到激励作用，对工作进行阶段性考核，可以提高教师的工作积极性，按时保质地完成工作任务。结果考核，是对教学科研工作的成果进行量化考核，如授课时数、发表论文数、科研项目数等。因为教学和科研工作具有差异性，所以在考核上要有所侧重。教学工作是一个注重过程性的工作，所以在考核教学工作时要注重过程考核。而科研工作则是一个注重结果的工作，

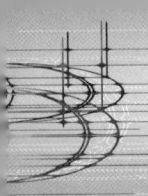

经济管理教学改革探索

所以在科研工作的考核上要注重结果考核,但是也不容忽视过程考核,因为过程考核是确保整个科研工作正常顺利实施的保障。

1. 教学考核标准

对教学进行考核,是提高教学质量、深化教学改革的必然要求。教学考核主要是对教师的课堂教学质量进行考核,对教师的工作进行监督,找出欠缺和不足之处。这对于加强教师教学工作,提高教师工作积极性,促使教师提高教学水平,确保教学—科研互动的顺利进行起着极其重要的作用。本书根据教学的特点和工作要求,结合教学—科研互动机制,确立对教学考核的标准主要为师德、课堂表达能力、教学态度、教学内容、教学方法、教学手段、教学效果等七个定性方面,结合教学产生的效果,确定了授课课时、授课学生数、指导毕业设计的三个量化标准。

2. 科研考核标准

由于科研工作具有滞后性、厚积薄发性等特点,科研的考核是对科研项目进度上要进行核查,更是对科研项目成果的核查。对科研人员项目进度的核查主要是确保规定的时间段内,项目进展顺利,以保证项目能够按时、高质量地完成。从项目成果上考核,能够有益地凸显教师科研工作的效果和水平。

3. 考核方法

在教学、科研的考核中,采用访谈和问卷调查等方法,从多方面、多角度来对教学、科研工作进行评价,通过学生、同行、自我、上级的评价,来真实反映一名教师的教学科研工作水平和状况。

学生评价一直是教师在教学科研工作效果考核的一个常用的形式和重要的组成部分,因为教师教学的主要受众是学生。科研工作中学生作为教师的主要助手,协助完成项目的整个过程。因此,教师的教学科研工作考核,一般要征求学生的意见,向教师反馈相关信息,进一步改进教学科研工作,也可作为人

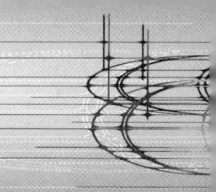

事决策的依据。同行，指与被考评教师从事同一个专业或者相近专业的教师，和与考评教师所教学科相关和科研方向相近的有资历的专家学者，同行之间有较多的接触和相互了解，往往能够评价得较为客观、准确。

自我评价在整个考核体系中也占有重要的地位，是教师自我诊断的一个重要途径。评价方法可以包括自我评价表和书面评价两种形式。前者是指被考评教师根据上述的标准，对自己的教学或科研成果进行评价和分级。书面评价是指被考评教师根据一系列开放性问题做出书面的回答。

上级评价也在考核结果中占着很重要的地位。由于上级比较熟悉本院系被考评教师的综合情况，也对被考评者的工作比较了解，这样便于在各位被考评者之间进行综合比较和平衡，提出比较客观的意见。

另一方面，上级可以获得不同渠道的信息来源，从中综合出被考评者的教学或科研水平。通过这两方面信息的综合和总结，便可以提出比较中肯的评价。

总之，通过对教师的教学、科研工作进行考评可以有效地调节不同类型的教师在教学、科研工作上的时间精力分配问题，促进管理部门在对高校进行考核和经费分配问题上能够整体协调二者的关系，能够具有对照性地进行考核分配。从而促使保证学校教学科研两大职能的顺利开展和整体水平的不断提升。

最后，科研要注重团队建设。现代社会正处在信息大爆炸的时代，现代大学的学术竞争进一步加剧，需要多学科共同支撑的研究工作成为普遍现象。一个人的力量是有限的，一个人能够掌握的信息、知识、方法也是有限的，所以必须加强学术团队建设。一个相对稳定的研究方向、一个优秀的学术团队，再有一个高水平的学术带头人，才能够产出为经济社会发展、为学科建设、为教学工作做支撑、做服务的科研成果，才能够在某一学术领域逐步形成学术影响并奠定自己的学术地位。

因此，在我国高等教育大众化的背景下，教学与科研的内涵发生了明显的

变化，高校教学已经不再仅仅意味着高深的理论知识或文化修养的学习，在很多时候还意味着实践性的复杂技能的学习。

在新的环境下，教学与科研联系的古典形式在目前我国高等教育大众化时期已不再适用了。当今世界，国际竞争日益激烈，科学技术迅猛发展，知识经济初见端倪。国际竞争激烈的一个重要表现就是高等教育的竞争。高校只有在知识学习与科学研究的背景中才能培养出高素质，创新性人才，为社会主义现代化建设提供强有力的人才资源和智力支持。

因此，在我国高等教育大众化背景下必须加强教学与科研的统一，促使两者协调发展。教学与科研的协调发展一直是大学的理想追求，但两者的协调"远远不是一种自然的匹配"，它会受到来自国家、社会宏观方面，学校中观方面，教师微观方面因素的影响。我们必须以动态的眼光来看待高校的教学与科研的关系，把握教学与科研矛盾主要方面的变化和发展，协调教学与科研的关系，建立二者的互动机制，从多角度考察，通过某种方法或制度，促使二者朝人们所希望的方向发展，找到二者互动协调的平衡点，促使在高校中能够紧密结合，相互促进，共同发展，促进教学—科研互动机制的良性循环。

第四章 经济管理教学创新研究

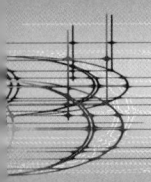

第一节 新常态背景下经济管理教学的反思

一、新常态下经济管理教学面临的机遇

（一）人力资本优势凸显

目前，我国很多城市都处于劳动人口供不应求的状况，并且形式越来越严峻。为了获得更加稳定的人员供应，让更多的人加入城镇户口则成为解决方法之一，这可以有效保障经济的持续发展。据统计，近些年我国越来越多的农村人口涌向城镇，到 2015 年，已经有大约 7.7 亿人口在城镇地区生活，但是，整体进程还相对较慢，与发达国家相比，差距还很明显。

（二）人均 GDP 提升空间大

我国经济发展动力强劲，年均 GDP 达到 6%—7%。随着经济体量不断加大，年增长量也随之加大。人均 GDP 有大幅提高，以 2015 年为例，我国人均 GDP 达到了人民币 52 000 元，折合成美元约为 8 016 美元，但是欧美、日本等发达国家的人均 GDP 已经达到 3.7 万美元，我国与发达国家相差甚远。

（三）消费贡献率提升空间大

消费增长对经济增长有一定的拉动作用，这在近几年效果越来越明显，对维持经济的稳定增长有重大的作用，成为经济增长的主力因素。相关研究数据表明，消费的经济贡献率已达 66.4%，十八大报告也说明，到 2020 年，城乡居民的人均收入是 2010 年城乡居民人均收入的 2 倍。

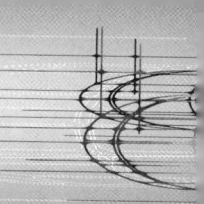

二、新常态下中国经济面临的挑战

城乡之间、不同地区贫富差距大是中国经济面临的挑战。我国领导人提出，让一部分人先富起来，带动大部分地区，然后达到共同富裕。国际上用基尼系数来综合考察居民内部收入分配差异状况，把 0.4 设为警戒线，而 2012 年我国已经达到了 0.474，2013 年为 0.473，虽然缩小了 0.001，但是不能解决实际的贫富差距问题，问题依旧严重。当然，我国也采取了很多手段缩减贫富差距。根据另一个反映贫富差距的数据——帕尔玛比值，我国在 1980 年前后，只有 0.8。

三、新常态下经济管理专业教学创新对策

数据显示，随着我国近些年的国内生产总值不断增长，我国在 2015 年已经达到了世界领先水平，位居第二，但是，我们应该清楚地认识到，这些年的增长在很大程度上依赖于低端商品，无法创造足够的附加值。很多学者研究发现，目前阻碍我国经济水平提高的主要因素是自主研发能力的不足，鉴于以往其他国家的经验，我国需要重视创新能力的提高，以促进经济的发展，应强调科技创新对经济发展的重要推动作用，形成完善的创新体制，实现经济的顺利转型，将传统产业与新兴产业有效地结合起来，自主研发与开放引进并重，集中优势资源，取长补短，提高自主创新的能力，为实现我国经济的平稳高速发展提供保障。此外，在现在的经济形势下，企业之间的的竞争力主要体现在差别化、品质化等方面，我们要做到顺应市场发展规律，充分发挥市场对资源分配的重要作用，重视企业的主体位置和作用。因此，企业要想更好地抓住现阶段经济发展的重点，就必须重视在经济管理人才方面的培养和更新。所以，对于开设经济管理专业的学校来说，具体应做到以下方面：

（1）理论学习与实践并重，着力培养学生的自主创新能力。现阶段，国

内开设经济管理专业的学校大部分教学精力都放在专业理论的讲授上，多半是在给学生灌注专业知识，实施的还是传统的应试教育，导致学生在课堂上学习的主要动力是应对日后的考试。教师这样的授课方式不能很好地激发学生的学习热情和创新思维，因此，要想培养出适应当下经济发展模式的经济管理方面的专业人才，就要求教师在授课的过程中努力做到将专业理论与具体实践相结合，有效提高学生的学习热情和兴趣。例如计量经济学的教师在讲授 Logit 模型时，如果将其与平时学生在常用的网站上查找广告一起讲授，那么学生的学习兴趣会大大提高。另外，培养学生的创新思维也是重要的工作内容之一。当今的社会日新月异，在千变万化的现象中必定有规律可循，这就要求学生有创新能力和分类汇总的能力，从而有能力从中探索新的发展机会。针对这种要求，经济管理学的教学大致可以分为三个步骤，第一步是培养学生对具体经济问题的分析理解能力，并综合具体的经济案例，探寻经济领域的共同特性；第二步是指引学生探究经济现象发生的背景缘由；最后一步是引导学生对目前的具体现象分析讨论，逐步培养学生的自主创新能力和发散性思维。

（2）企业与高校密切配合，协同推进创新能力的培养。无论面临什么样的经济社会形势，从根本上讲，学生只有不断提升自己的专业能力与创新思维，才能成功地在千变万化的环境中寻找到自己的立足之地。这需要学生所在的学校积极地与各个公司、企业沟通，努力为学生创造这样的机会和平台，这样不仅能让学生在实践中强化理论知识，还能在企业中传播新的发展理念。

四、结语

在市场经济日新月异的发展形势下，经济管理专业只有不断培养与实际需要相适应的专业人才，才能有效提升人才的质量。所以，创新教学模式，加强企业与高校之间的联系是未来教学工作的重中之重。

第二节 MOOC 的翻转课堂在经济管理教学中的应用

一、翻转课堂的含义和特征

"翻转"是动词，翻转学习模式有翻转实际教学内容和翻转教学两个方面。能够使学生掌握和判断自身的学习情况，在任何地方都可以进行翻转教学，让教学内容变得更加充实，为学生完成其学习目标提供助力，就是翻转学习模式的意义所在。翻转课堂有以下几个特点。

（一）课堂上完成知识内化

在进行课堂教学之前，学生利用信息技术来进行知识的学习，知识内化基本上是在课堂上进行的，这就要求教师在课前、在信息技术的辅助下，对学生积极指导和提供助力，从而让学生的学习更加高效。

（二）尊重学生的主体性

翻转课堂中的主要角色应该由学生担任，要体现学生所具有的主体性，让学生在课堂有发言的权利，突破以往教师讲授知识和学生被动学习的模式。

二、MOOC 的含义及特征

（一）MOOC 的含义

MOOC 是 Massive（大规模的）、Open（开放的）、Online（在线的）、Course（课程）四个单词的缩写，指大型网络开放课程。前所未有的知识讲授手段和学习形式伴随着 MOOC 的产生而出现，推动了高校的教学改革，

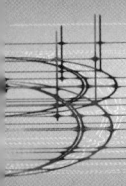

改革内容包括教学技能、教学观念、教学机制和培养人才等方面。

（二）MOOC 的特征

（1）互动性。教学目标的实现以课堂上学生和教师之间有互动为前提，双方共享学习体验。

（2）开放性。在互联网上，所有人都能够在 MOOC 上进行学习，学习视频资料可以多次阅览，没有时间地点的约束，也不需要花钱。

（3）大型性。只要宽带与服务器允许，进行在线学习的人数可以足够多。

（4）高品质的视频。MOOC 视频基本上来源于部分著名的学校和教师，教学品质非常好。

三、传统课堂教学模式与翻转课堂教学模式的对比

传统课堂与翻转课堂的区别有两点：一是教师和学生所处的位置不同，二是在进行学习时承担的任务不同。传统课堂采用的是讲与听的方式，相对而言，没有发展学生的探索研究能力。翻转课堂是以学生作为主体的，学生不仅可以自己探究知识，还可以在教师、同学的帮助下共同处理学习中出现的困难。翻转课堂把学生提升为课堂的主角，也就是学生主动、自觉地寻求知识。这一点，我们可以从以下五个方面对传统课堂、翻转课堂进行对比。一是角色，传统课堂与翻转课堂最大的区别就是老师与学生之间的主动、被动关系。二是形式，传统课堂由老师主动授课，翻转课堂则更加注重学生的课前学习、课时研究等内容。三是教学时间，传统教学大部分时间以老师在课堂上授课为主，翻转教学则一改以往的教学方式，寻求的是师生共同学习提高。四是教学手段，前者是老师在课堂上直接授课，后者则更加看重学生的自学。五是评价，前者的结果评价以一张试卷为主，后者则更加看重多方位立体性的测评。

四、高校实施翻转课堂的优势和不足

（一）高校实施翻转课堂所具有的优势

（1）高校相对轻松的环境可以确保每位学生都有相对宽裕的时间来进行课前视频学习。

（2）学生可以利用视频公开课、国家精品课堂等形式多样的网络资源进行个人学习。

（3）高校先进的网络资源保证了学生能够自主运用多媒体教室、电子图书馆等进行自学。

（4）大学生的自学能力更强，能够主动创新，及时自主发现问题。

（二）高校实施翻转课堂出现的不足之处

在经管专业开始使用翻转课堂教学的时候，个别老师认为那些学习能力差的学生根本不会观看视频，而是利用课余时间做其他事情，由此会导致成绩滑坡。另一方面，在进行视频学习的期间，根本没有师生之间的互动，老师没有办法掌控学生的学习进度。

五、MOOC的翻转课堂在高校经济管理专业中的应用分析

（一）课前对知识进行传播

从教师的视角来看有两个问题。一是教师运用了MOOC视频，但并没有参与制作；二是教师制作MOOC视频，并将它运用到课堂中。第一种情况就需要教师认真挑选，形成自己的体系后才引导学生。而后，学生通过该视频进行课前准备工作，并且认真完成课后习题。同时，老师还要不定期地组织考试。这样做，是为了全面掌握自己教学情况、学生学习情况，及时改进自己的教学方法。后一种情况，教师可以始终观察到学生掌握知识的情况，了解他们的进度，

利用大数据网络系统能够轻松掌握学生是否观看了视频、能否完成试题等情况，在这个过程中，教师还能及时与他们沟通交流。

（二）知识内化在课堂上完成

在经管教学中，老师要利用课堂时间积极开展教学，这样能帮助学生提高学习效率，这样可以激励学生最大可能地发挥个人能力，提升他们的学习兴趣。

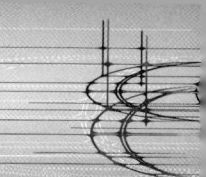

第三节 经济管理本科专业教学创新研究

一、大学本科教育及经济管理专业教育的特点

本科教育的目标是培养人才，以满足社会对高水平专业人才的需求。经济管理专业的本科教学要求毕业生具备两方面的素质，一是具备经济管理专业知识，能够从事经济管理理论研究工作。二是具备一定的实践能力，能够胜任经济管理实践的岗位。

本科教育与高中教育相比，存在比较明显的差异，其特点主要有：

（1）学习内容与学习方式上的差异。高中教育的主要内容是基础知识，科目数量比较少，用相对较长的学习周期去完成固定的课程学习。大学教育则相反，学习内容根据学生的选课情况而不同，在一学期或一学年之内要完成课程的数目较多，需要掌握快速学习的方法。因此，对于高中毕业进入大学的学生来说，他们需要快速适应这种变化。

（2）教学目标和培养目标上的差异。高中教育以高考为终点，其教学目标与高考测评制度的要求有关，更加强调理论知识的掌握，虽然素质教育是未来的方向，但在当下仍然没有普及和推广。而本科教育则更加注重学生实践能力的培养，当然，理论知识的教学是实践能力培养的基础，也是必不可少的。对于经济管理专业的本科生来说，除了经管专业知识的学习，更要提升自己解决实际管理问题的能力，积累更多的经济管理经验。

经济管理专业本科教育与其他本科专业相比，也存在明显的区别。一些专业性较强的专业，如建筑学专业、计算机专业、物理专业、自动化专业等，比较注重学生专业知识和专业技能的训练，强调学生知识的纵向深度和在本专业领域内的应用能力。而经济管理专业的本科教育内容涵盖面比较广，其自身的专业性并不强，更强调学生一般性理论知识和一般性方法的掌握，更注重学生横向知识面的扩展以及完整知识体系的建立，在能力培养方面，注重管理理念的形成、管理能力的培养以及管理经验的积累。

二、传统课程教学中存在的问题

传统的教学方式由于其教育理念的限制和教学条件的制约，已经不能满足社会发展对经济管理人才的需求，主要表现为以下几个方面：

（1）传统教育方式强调基础理论学习和基础知识讲解，对案例的理解分析较少。学生由高中直接进入大学，缺少必要的专业基础知识积累，学习方法也还没有完全转变，以理论灌输为主的教学方式会使学生无法适应本科课程的教学进度，无法快速接受、理解大量的理论知识，导致无法较好地实现预期的教学目标。同时，单调枯燥的理论知识教学也无法吸引学生的注意力和兴趣点，这种教学方式对学生来说是难以接受的。

（2）传统教育方式仅限于课堂讲解，能够让学生接触到实际问题的解决过程的教学环节比较少。由于教学条件的限制以及先进教学理念的缺乏，造成了经济管理本科学生缺少实践，无法具备较强的实际管理能力和经验，而经济管理实际问题的解决往往又需要具有丰富的经验积累，书本上的理论知识往往与复杂的现实问题存在较大的偏差，无法直接应用于工作实践之中。

（3）传统教育的内容仅限于经济管理本专业的基础知识，而对于其应用领域或行业相关知识的学习比较少，对经济管理领域的新理论介绍也较少。经济管理是一个应用性较强的学科，如果只强调本专业的基础知识，学生就无法掌握知识实际应用的方法。同时，如果不将经济管理领域最新的发展理念引入

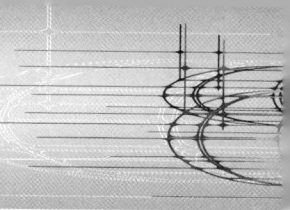

课堂，学生就无法完成对完整知识体系的掌握，缺乏前沿性理念。

三、经济管理专业课程教学改革的建议

基于上述传统经济管理专业本科教学存在的缺陷，结合经济管理专业的应用性、综合性、开放性的自身特点，学校可以从以下几个方面对经济管理专业本科教学做出改进。

（一）在基础理论知识的教学过程中融合经典案例

对于一节全新的课堂知识教学，教师不应先预设学生对于其前提知识的掌握程度，而应着眼于本节课的教学过程，通过恰当的教学方式引导学生。例如在经济管理专业基础理论课程的教学中，通过融入经典案例的讲解来辅助教学，就是较好的方式。因此，课堂教学内容可以包含三个部分，一是理论知识讲解，主要讲解经济管理领域基本概念、基本原理、基本方法等理论知识；二是经典案例讲解，结合实际问题来分析，让学生加深对理论知识应用于实践场景中的理解；三是课堂提问，通过问题引起学生求知欲，或检验其对重点难点知识的理解程度，以加深学生对知识的记忆。这三个课堂内容没有固定的顺序或流程，教师可根据课堂情况灵活安排。例如课程引入部分，可以通过提出问题来激发学生的兴趣，可以从理论知识的讲解开始，也可以通过经典案例的引入来过渡到知识讲解。

（二）多种形式进行经济管理的实践教学

传统教学中由于教学条件的限制无法进行实践教学的问题，可以通过灵活设计教学形式、提供多种途径的实践方式来解决。

（1）运用现代教学技术手段，例如 ERP 沙盘等方式来进行模拟教学，让学生在教学中获得项目管理经验。

（2）在学生生产实习的过程中植入实践教学环节。在使用这种方式时，

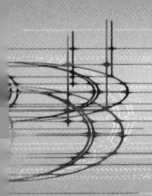

教师应在实习前完成实践教学的前期工作，包括课程大纲编写、设计教学目的、教学内容、实践课程的具体开展模式、课程开展流程、可能遇到的问题及合理的预案等，从而使学生在学习的过程中提高实际管理能力，积累管理经验。

（3）加入更多的科研项目参与机会，可以使学生对项目管理的理解更加深刻，也会让学生对所研究的经济管理方面的课题掌握程度有所提高，同时也积累了使用所学知识解决实际问题的经验，提高了项目管理能力。

（三）丰富教学内容，拓宽学生的知识面

与建筑学专业、计算机专业、物理专业、自动化专业等专业性较强的本科专业相比，经济管理专业属于应用性的专业，其所包含的内容更加宽泛，毕业生的就业方向更多，所以经济管理专业的本科教学应拓宽学生的知识面，除了本专业基础理论知识的传授之外，还应加入相关应用领域和行业的背景知识介绍，以及经济管理理论在其中的应用方式等。对于经济管理领域的新理论、新方法、新发展，也应该酌情引入，以利于学生建立完整的知识体系，如大型工程项目复杂性管理理论——综合集成管理理论，可以培养学生的系统思维，引出对相似的一系列问题的研究方法。

（四）创新教育模式，完善创业教育体系设计

经济管理专业的自身属性是专业知识与市场应用结合比较紧密的一个专业，这为本专业的本科生自主创业提供了非常有利的条件，因此，高校应针对大学生创业教育设计一套教育体系，从相关课程设置、实践教学、课外创客活动等方面对学生创业进行引导。在此基础上，在经济管理专业本科生的专业课程中也应加入创业教育这一内容，根据创业过程中的项目构思、战略方案、融资、企业管理运营、市场营销、品牌扩展等环节，设置经济管理专业的相关课程内容，如创造性思维培养、创业知识体系、创业能力培养、创业实践训练等，并通过适当的教学方法实现创业教学的培养目标。创业教育

作为经济管理专业本科教学的重要内容，无法通过单纯的课堂教学来完成，也离不开实践教学，因此应灵活开展不同形式的教学实践活动。高校可以利用校内外的相关资源，给更多大学生提供参与创业实践活动的机会，如组织学生深入市场进行调研，指导学生针对创业热点方向进行研究，鼓励学生以实习的方式进入企业参与生产运营、营销策划、项目管理等，在这些过程中，学生可以深入接触社会、了解市场，学习到书本上没有的方法，对创业过程有更加深入的理解和计划，并且提高分析问题、解决问题、团队合作、沟通协调等综合能力。

（五）以课外科技活动为带动，提升学生创业综合技能

课外科技活动可分为校内和校外两个方面。在校内科技活动的组织上，教师应不断尝试更多的方式，如成立创业社团、创业实践基地等组织机构，为学生搭建更好的创业交流、实践的平台；组织一系列的创业讲座、创业培训、创业论坛、创业辩论、创业竞赛等活动，为学生提供更多的交流、实践的机会。在校外科技活动的组织上，教师应将本专业的基础知识与其他领域和行业的应用相结合，鼓励并指导学生参与校际的学科竞赛，如"挑战杯"全国大学生科技竞赛、广告策划大赛、电子商务大赛、公关大赛、谈判大赛、物流设计大赛、股市期货模拟大赛等。在比赛中，带队教师应对学生做系统的指导，既要使学生将学到的知识综合运用于比赛中，又要使学生充分发挥创造性，在比赛中锻炼创业思维、创业能力，以达到提升学生创业综合技能的目的。

（六）推动创业实践，建立多模式创业实践平台

创新性社会的发展离不开大学生这一极具创造思想和创造能力的群体。在掌握了一定的理论知识之后，结合自身对新鲜事物极大的好奇心和接受程度，一些创造力比较强的大学生是非常适合在大学阶段创业的。高校应该鼓励和推动大学生创业实践的顺利实现，例如与相关政府机构、社会组织、企业等对接，

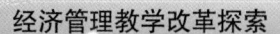

为学生提供更多创业实践的机会，也可以适当引入风险投资基金，对学生优秀创业项目进行资金支持，为学生提供更好的创业条件。

四、结束语

经济管理专业的人才培养在现代社会发展进程中起着越来越重要的作用，经济的各个领域，如工商、税务、财政、金融、对外贸易等行业大中型企业管理岗位上，都需要优秀的经济管理专业人才。本节在分析了经济管理专业本科教学的特点，以及传统经济管理本科教学的缺陷的基础上，提出了改进建议。而教学改革不是一蹴而就的，需要更多的模式探索、分析和调整，解决传统经济管理专业本科教学存在的问题，满足现代社会对人才的需求。

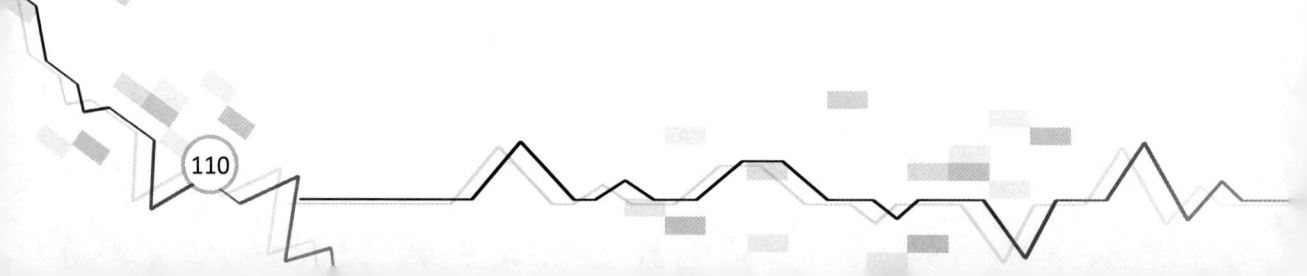

参考文献

[1] 郑旭煦,罗勇,骆东奇. 经济管理实验教学探索与实践[M]. 成都:西南交通大学出版社,2010.

[2] 郑旭煦,朱孟楠. 探索创新创业教育深化实验教学改革[M]. 成都:西南财经大学出版社,2012.

[3] 蔡清田. 课程设计:理论与实际[M]. 南京:南京师范大学出版社,2005.

[4] 何斌,李泽莹,王学力. 管理实验与实验管理学[M]. 北京:清华大学出版社,2010.

[5] 董贾寿,张文桂. 实验室管理学[M]. 成都:电子科技大学出版社,2004.

[6] 乔兴旺,宁宁. 经济管理实验建设与管理导论[M]. 重庆:重庆大学出版社,2007.

[7] 张永智,罗勇. 创业综合模拟实训教程[M]. 成都:西南财经大学出版社,2012.

[8] 马良. 创业实训资源手册[M]. 北京:中国时代经济出版社,2008.

[9] 马良. 创业实训通用教程[M]. 北京:高等教育出版社,2009.

[10] 何克抗,林君芬,张文兰. 教学系统设计[M]. 北京:高等教育出版社,2006.

［11］郭云川．应用型高校实践学体系构建与质量控制［M］．北京：高等教育出版社，2011．

［12］袁志刚．高级围观经济学［M］．上海：复旦大学出版社，2017．

［13］罗勇，骆东奇．经济管理实验教学平台建设研究［M］．成都：西南财经大学出版社，2012．

［14］吴德庆，王保林，马月才．管理经济学（第六版）［M］．北京：中国人民大学出版社，2014．

［15］［美］斯蒂芬·罗宾斯，玛丽·库尔特．管理学［M］．北京：中国人民大学出版社，2017．

［16］李嘉友．经营管理学基础［M］．北京：北京理工大学出版社，2016．

［17］陈章武．管理经济学：第三版［M］．北京：清华大学出版社，2014．

［18］李秉龙．农业经济学：第三版［M］．北京：中国农业大学出版社，2015．

［19］［美］加雷思·琼斯，珍妮佛·乔治．当代管理学［M］．北京：人民邮电出版社，2016．

［20］周兵．财务管理［M］．北京：科学出版社，2015．

［21］王涵．管理学基础［M］．上海：复旦大学出版社，2012．

［22］李晓西．宏观经济演讲录［M］．北京：中国人民大学出版社，2010．

［23］［法］皮凯蒂，等．新经济秩序［M］．北京：中信出版社，2016．

［24］孙绵涛．中国教育经济与管理研究［M］．北京：中国书籍出版社，2015．

［25］马化腾．分享经济［M］．北京：中信出版社，2016．

［26］颜延君．中国经济与管理［M］．北京：中国书籍出版社，2016．

［27］唐征．企业年度经营计划与全面预算管理［M］．北京：人民邮电出版社，

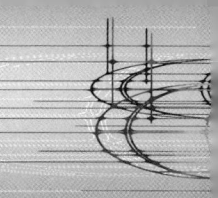

2016.

[28] 陈春花. 管理的常识[M]. 北京：机械工业出版社，2016.

[29] [美]西蒙. 管理行为[M]. 北京：机械工业出版社，2013.

[30] 刘戒骄，郭朝光，薛晓光. 产业经济学学科前沿研究报告[M]. 北京：经济管理出版社，2016.

[31] 李光斗. 分享经济[M]. 北京：机械工业出版社，2016.

[32] 朱广平. 经济学一本通[M]. 北京：华文出版社，2010.

[33] 薛全忠，马绍伟. 经济法基础理论与实务问题研究[M]. 北京：中国书籍出版社，2015.

[34] 刘会齐，严法善，刘思华. 绿色经济管理[M]. 北京：中国环境出版社，2016.

[35] 王春花. 政府经济管理概论[M]. 北京：北京师范大学出版社，2016.

[36] 王承业. 管理的常识[M]. 北京：立信会计出版社，2017.

[37] [美]保罗·克鲁格曼，莫里斯·奥伯斯法尔德. 国际经济学[M]. 北京：清华大学出版社，2011.

[38] 马化腾. 读懂新经济[M]. 北京：中信出版社，2017.

[39] 李杨. 中国经济形式分析与预测[M]. 北京：社会科学文献出版社，2017.

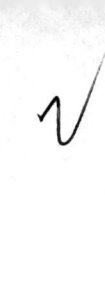